薪酬管理
设计与实战

孙震◎著

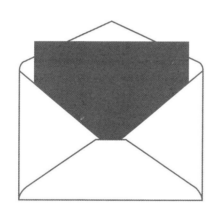

武汉理工大学出版社

·武 汉·

内 容 提 要

在任何行业中，薪酬都关乎员工与企业利益。科学有效的薪酬管理能够吸引人才，留住员工，实现企业高效运转。

本书针对企业发展中的薪酬管理问题给出了系统全面的解决策略与方案，一方面从理论角度出发，阐述了薪酬管理体系和薪酬结构设计等相关知识；另一方面，从薪酬管理实践出发，结合丰富的薪酬管理与设计案例，帮助企业管理者优化和完善薪酬管理体系。本书理论与实战相结合，旨在帮助企业制定科学高效的薪酬管理体系，在激励员工、提升员工工作效率的基础上，促进企业良性发展。

图书在版编目（CIP）数据

薪酬管理设计与实战 / 孙震著 . — 武汉：武汉理工大学出版社，2024.5 -- ISBN 978-7-5629-7051-4

Ⅰ . ①薪… Ⅱ . ①孙… Ⅲ . ①企业管理—工资管理 Ⅳ . ① F272.923

中国国家版本馆 CIP 数据核字（2024）第 095790 号

责任编辑：尹珊珊

责任校对：杨 昱　　　排　　版：米 乐

出版发行：武汉理工大学出版社

社　　址：武汉市洪山区珞狮路 122 号

邮　　编：430070

网　　址：http：//www.wutp.com.cn

经　　销：各地新华书店

印　　刷：北京亚吉飞数码科技有限公司

开　　本：710×1000　1/16

印　　张：13.5

字　　数：156 千字

版　　次：2024 年 5 月第 1 版

印　　次：2024 年 5 月第 1 次印刷

定　　价：56.00 元

前言

薪酬管理是企业人力资源管理体系的重要组成部分，是一个动态的管理过程，与企业、人力管理部门、员工息息相关。

如何科学设置薪酬管理体系，实现企业效益、人力管理效率、员工收入三方共赢？本书带你探寻答案。

本书首先带你深入探讨什么是薪酬及薪酬管理，探秘薪酬与企业、员工的关系，认识 3E 薪酬体系；其次帮你因人而异地根据不同岗位巧设薪酬，并兼顾企业和员工权益，合理设计员工附加薪酬；接下来，教你明晰薪酬计算，规范考勤管理，统筹薪酬激励，充分发挥薪酬管理的作用，真正建立起按劳分配、多劳多得、以人为本、能动性好的薪酬管理制度与体系；最后，阐述薪酬发放、调研、评估与反馈等的可操作性方法，助你不断优化薪酬管理，最大限度地发挥薪酬的规范、激励、减少内耗、提高效率等效用，协调企业、员工、人力管理的多元发展。

全书逻辑清晰、内容丰富、深入浅出，具有较强的理论与实践指导性、启发性。为更系统全面、立体生动地阐释薪酬管理知识，本书在文中特别设置"案例分析""运'酬'帷幄""学以致用"版块，帮你更轻松地理解与掌握现代化薪酬管理技巧，加强与提高薪酬管理实操能力。

　　深耕薪酬管理人效与实效价值，促进组织文化与管理长效发展。阅读本书，入门简单，丰富实用，相信你一定会有所收获。

作者

2024 年 1 月

目 录

 第 1 章　认识薪酬管理

 第 2 章　因人而异，不同岗位薪酬设计

第 3 章　喜闻乐见，员工附加薪酬设计

 第 4 章　按劳分配，薪酬计算与考勤管理

 **第 5 章　以人为本，薪酬激励管理**

第6章 机动灵活，薪酬优化管理

第 1 章

认识薪酬管理

薪酬是企业支付给员工的劳动报酬，是对员工工作的肯定，它可以保障和维持员工的基本生活，满足员工的基本需求。

健全合理的薪酬管理体系具有激励作用，它可以调动员工工作的积极性，激发员工的潜在能力，从而为企业带来更高效益，提升企业的竞争力，吸引更多人才，让企业进入良性发展。

薪酬管理的重要性是不言而喻的，那么，什么是薪酬？什么是薪酬管理呢？接下来就跟随本书，一起来探寻如何进行薪酬管理。

1.1　什么是薪酬

　　员工为就职的企业或组织付出劳动，创造价值，企业或组织为获得员工的劳动而支付给员工的各种形式的劳动回报就是薪酬（图 1-1）。

图 1-1　员工付出劳动，企业支付薪酬

如今，人们对薪酬的认知不断加深，薪酬不再与工资直接画等号，薪酬的含义变得更丰富全面。从更全面的角度来看，工资只是薪酬的一部分，具体而言，薪酬可分为经济性薪酬和非经济性薪酬两部分（图1-2）。

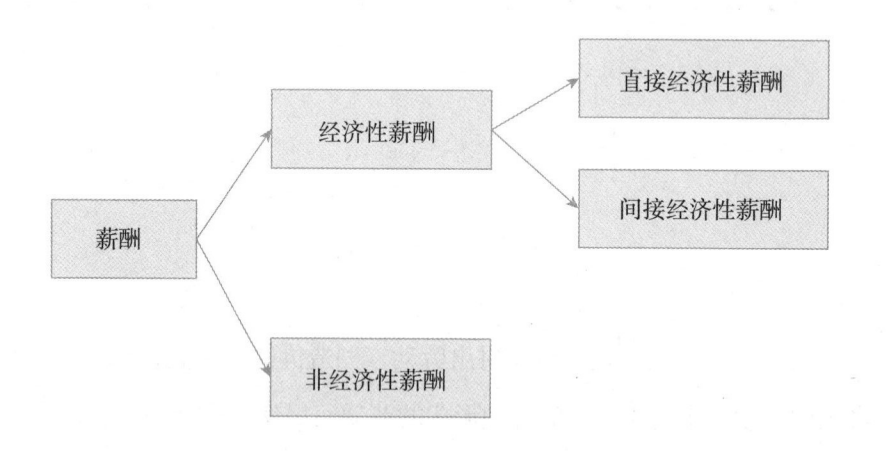

图1-2 薪酬的组成部分

经济性薪酬是指一般意义上的薪酬，包括直接经济性薪酬和间接经济性薪酬。直接经济性薪酬是薪酬的主体部分，包括基本工资、绩效、奖金、股票/期权、各种补贴等；而间接经济性薪酬是指福利部分，如各种社会保险、住房公积金、带薪休假、培训学习、班车、员工宿舍等。

非经济性薪酬一般是指对员工心理和价值感方面的满足。例如，优渥的工作环境、员工成就感和价值感的提升、工作带来的荣誉、员工对企业的认同感和责任感等。非经济性薪酬虽然不直接以经济的形式来体现，但是它直接影响员工的心理愉悦度，所以也不容忽视。

1.2 薪酬应该由谁管理

1.2.1 什么是薪酬管理

薪酬是员工因为工作而获得的各种形式的补偿，与员工的利益密切相关。同时，它也是企业经营中一笔重要的开支，因此对薪酬进行合理有效的管理是人力资源管理部门的重要工作内容之一。完善的薪酬管理体系不仅可以促进员工队伍的稳定性，保障员工的生活水平，还可以提高企业的竞争力。

薪酬管理是指企业针对所有员工所提供的劳动和服务来确定其应当得到的报酬、报酬结构和报酬形式的管理过程。薪酬管理以企业发展战略为指导，主要包含以下三项工作内容（图 1-3）。

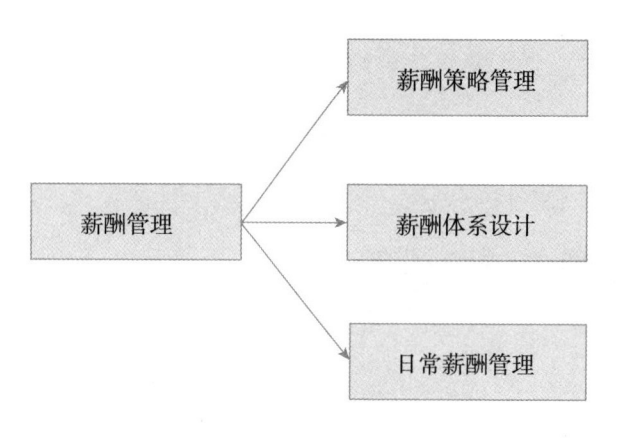

图 1-3　薪酬管理的内容

　　薪酬策略管理是指制定企业薪酬原则或方法的过程，薪酬策略管理的制定会受到企业发展战略、企业所处行业、企业发展阶段、企业文化与企业外部环境等因素的共同影响。

　　薪酬体系设计是指企业管理者以薪酬策略管理为指导，根据企业的实际情况，通过使用不同的要素、结构、水平和支付形式实现薪酬原则或方法的过程。薪酬体系设计主要包括以下三方面的工作内容（图 1-4）。

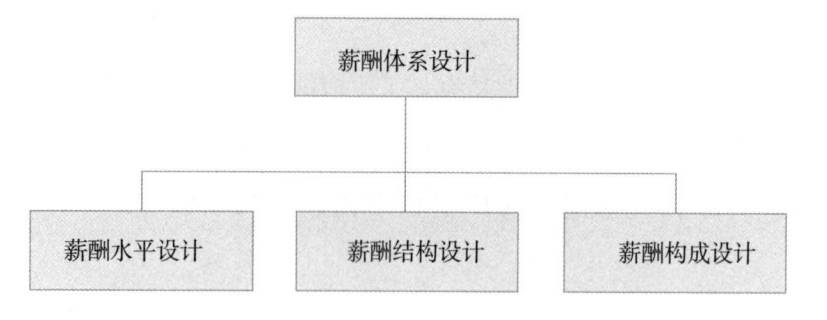

图 1-4　薪酬体系设计的工作内容

　　日常薪酬管理工作包括薪酬支付、薪酬调整、薪酬预算、薪酬总额控制等，其管理的重点是成本管理。

1.2.2　薪酬管理涉及的岗位和部门

薪酬管理工作主要由人力资源部门主导，但也涉及其他部门和岗位，如薪酬绩效管理委员会、总经理和业务部门负责人等。其中，负责薪酬管理工作的最高机构为薪酬绩效管理委员会，委员会下设总经理，总经理下设人力资源部和业务部门负责人，各个部门和岗位的职责如下所示。

（1）薪酬绩效管理委员会：该机构一般是企业专门设立的薪酬管理机构，其主要职责如下图 1-5 所示。

制定董事以及高级管理者的薪酬政策和考核方案

监督公司薪酬政策的执行

裁定某些特殊情况下的薪酬和绩效

促进公司薪酬和绩效文化的形成

具有对公司整体薪酬政策的审批、监督和修订权

图 1-5　薪酬绩效管理委员会的主要职责

（2）总经理：除董事之外，总经理对薪酬政策具有最终审批权，其主要职责如下图1-6所示。

关注企业的财务状况，把握和调控公司人力成本和相关费用的使用情况

负责公司薪酬策略管理

负责公司薪酬管理制度及相关流程、薪酬调整方案、员工薪酬水平和具体薪酬的最终审批

了解人力资源部门进行薪酬管理的过程和方法

监督薪酬管理的整个过程，发现问题并及时调整

图1-6　总经理的主要职责

（3）人力资源部：人力资源部门是企业薪酬管理的主要实施部门，其主要职责如下图1-7所示。

描述企业的岗位、评估岗位价值，并调研内部薪酬满意度和外部市场薪酬竞争力

分析薪酬调研结果、工资体系、人力成本等数据，并提出改进方案

制定薪酬制度、政策和薪酬调整方案，并上报审批

监督、协助各部门完成绩效管理

收集、汇总、分析并处理各部门的考核结果

收集、归档考勤数据及薪酬相关资料

解答各级员工对薪酬管理相关问题的疑惑

图1-7 人力资源部的主要职责

（4）业务部门负责人的职责：业务部门协助人力资源部完成薪酬管理工作，其主要职责如下图1-8所示。

⭐ 协助人力资源部进行岗位描述及岗位价值评估

⭐ 进行员工日常岗位工作表现评估

⭐ 根据现有的企业薪酬政策，决定内部员工的薪酬调整幅度

⭐ 上报部门内不合理的薪酬情况

图 1-8　业务部门负责人的主要职责

薪酬由以上四部门与岗位负责人共同管理，各个部门与岗位负责人协同合作完成薪酬管理的所有工作。

💡 运"酬"帷幄 ▶▶

薪酬管理要保持竞争性

制定薪酬管理需满足竞争性，竞争性又分为内部竞争性和外部竞争性。

（1）内部竞争性：薪酬的内部竞争性体现在企业内部薪酬分配的合理性，不同岗位的薪酬应根据公司的发展策略不同而有所不同。

（2）外部竞争性：针对同等岗位，一家企业的薪酬支付标准如果低于市场标准，则该企业在市场上的竞争力就会下降，对市场上的人才没有吸引力，也可能造成企业内部人才的流失；如果一家企业的薪

酬支付标准高于市场标准，则该企业在市场上的竞争力就会增强，容易吸引市场上的人才，也更容易留住企业内的人才。

但从企业运营成本考虑，较高的薪酬支付为企业带来更多负担。因此，在设计薪酬体系时，应充分考虑公司的发展战略，从实际出发，合理规划，精心设计出满足公司发展策略的薪酬管理体系。

1.3　探秘薪酬与企业、员工的关系

1.3.1　薪酬与企业的关系

企业在运行过程中暗含着一个隐形的循环运行机制：活下去—创造价值—分配价值（图 1-9）。

图 1-9　企业的循环运行机制

企业运行的起点和基本目标是活下去。如果活不下去，创造价值与分配价值就无从谈起。

创造价值是企业活下来后追求的更高级的目标，这也是创办企业的根本目的，创造的价值越高，企业就能活得更好。

企业创造价值之后，也需分配价值，合理有效的价值分配能够让企业得以良好运转，从而活得更好。不合理的价值分配可能会给企业带来各种问题，导致企业难以生存。

由此可见，如何分配价值对于企业是否能够良好的运转起到至关重要的作用，而薪酬是企业分配价值的直接表现形式。薪酬管理对于企业发展的重要性不言而喻，合理有效的薪酬管理可以让企业从活下去到创造价值再到分配价值，从而进入良性循环。不合理的薪酬管理会让企业所创造的价值越来越低，以致进入恶性循环，导致企业逐渐衰落。

合理的薪酬管理可以支持企业战略的实施，促进企业发展，为企业吸纳和留住所需要的优秀人才。

1.3.2 薪酬与员工的关系

薪酬是企业对员工所付出的劳动的最直接的回报，是对员工劳动价值的肯定，也是员工维持正常生活的保障，因此薪酬直接影响着员工的工作效率以及与企业之间的关系（图 1-10）。

薪酬管理要秉持以人为本的管理思想，尊重劳动者在物质层面和精神层面的双重需求。如今，我国人民生活水平日益提高，薪酬应与时俱进，在保证员工基本生活水平的同时，为员工提供更全面的社会保障和工作保障，建立适应国民经济发展水平的薪酬制度。

完善的薪酬管理

让员工感受到来自企业
的温暖；
维护员工与企业之间的
良好关系。

不完善的薪酬管理

员工对企业的满意度低；
员工流失率增加；
员工的工作积极性不高；
给员工与企业之间的关系
带来负面影响。

图 1-10　薪酬管理的影响

　　薪酬对企业来讲是人力资源成本。但是薪酬又不能单纯地从成本
角度来看待，因为合理的薪酬能够保证企业的生产率和员工的劳动积
极性。充分发挥薪酬的激励作用，不仅可以维持企业发展的稳定性，
还能增强企业盈利能力，同时还能提高企业自身的吸引力与凝聚力；
薪酬对员工来说是劳动报酬，它对员工具有激励作用，合理的薪酬管
理可以鼓励员工高效率地开展工作，激发员工对工作的奋斗热情，提
升员工的价值感，从而提升企业的效益，最终实现企业和员工双赢的
局面（图 1-11）。

图1-11　合理的薪酬管理可以鼓舞员工的士气

运"酬"帷幄

薪酬管理需具有激励性

在企业内部进行薪酬分配时，在各类、各级职务的薪酬基础上，适当保持一定的差距，以此来激励员工，提升员工的工作热情，从而为企业带来更高的效益。

薪酬管理的激励性旨在打破各岗位完全相同的薪酬，提升企业内部各员工之间的竞争性，将员工的薪酬与个人能力和绩效挂钩，鼓励员工自我学习、增强个人竞争力，从而提升企业竞争力。

1.4 薪酬受哪些因素影响

影响薪酬的因素有很多，例如企业所在地的经济水平、员工自身的能力等。从企业的角度来看，影响薪酬的因素大体可分为内部因素与外部因素（图 1–12）。

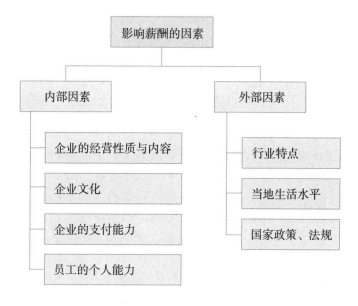

图 1–12 影响薪酬的因素

1.4.1 内部因素

影响薪酬的内部因素主要来自企业内部和员工自身，如企业的经营性质与内容、企业文化、企业的支付能力以及员工的个人能力。

企业的经营性质与内容对薪酬具有很大影响。例如，劳动密集型企业与高科技企业产出不同，对员工自身的能力要求也不同，故薪酬策略也不相同。

优秀的企业文化在一定程度上影响着企业的薪酬政策，可以增加企业的竞争力，帮助企业吸纳人才。

经营状况较好的企业支付能力更强，可以提供高于市场水平的薪酬以吸引优秀人才。

员工的资历、经验、潜力、技能等都直接影响着员工的业绩水平，因此对薪酬有直接影响。

1.4.2 外部因素

影响薪酬的外部因素包括行业特点、当地生活水平以及国家政策、法规。

行业特点对薪酬有直接影响。一般来讲，不同的行业薪资水平一般不同。

当地生活水平对薪酬具有间接影响。通常情况下，如果当地生活水平较高，则人们对生活水平期望会升高，消费水平也会升高。因此，企业支付的薪资也需相应提高才能保障员工的生活。

国家政策、法规对薪酬的下限和性别歧视问题等都有明确的规定，它通常对最低薪酬等具有影响。

运"酬"帷幄

薪酬管理需满足经济性

高竞争力的薪酬固然能够吸引优秀人才，但同时也意味着企业将承受更高的人力成本。经济性是指企业在制定薪酬时，应充分考虑企业自身的发展策略以及自身的财务状况，合理有效地制定薪酬、配置人力资源，使得人力资源费用得到最优化处理。

1.5 薪酬的结构

薪酬的结构是指薪酬是由哪几部分组成的，各个组成部分占多大的比例。薪酬结构是企业为员工制定薪酬的主要框架。

1.5.1 薪酬的构成

大部分企业的薪酬结构都由以下四部分构成（图 1-13）。

图 1-13 薪酬构成

◆ 固定薪资

固定薪资又可细化为以下几个部分：基本工资、岗位工资、技术工资、工龄工资、学历工资等。

基本工资是员工最基本的保障，其金额不能低于当地最低工资标准线；岗位工资一般针对特殊岗位而设置，目的在于体现岗位价值；技术工资指的是根据员工所掌握的技术、技能所支付的工资，或体现某些岗位的专业技术和知识要求；工龄工资是为了鼓励员工长期留在企业中；学历工资是为了吸引高学历的优秀人才。

在实际工作中，一些企业可能将岗位工资、技术工资等合并到基本工资中，不做细分。

◆ 浮动（激励）薪资

浮动（激励）薪资通常包括以下几项内容（图 1-14）。

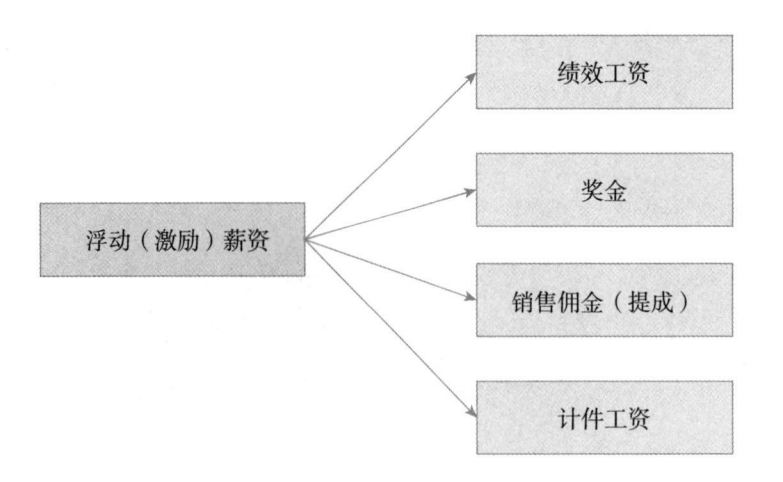

图 1-14 浮动（激励）薪资的构成

绩效工资由员工的绩效结果而定，绩效工资的占比需考虑员工的薪酬水平和职级，通常情况下，薪酬较低的员工，绩效工资占比也比较低。

奖金的设置需根据实际情况而定，设置不同档次和数额的奖金标准时可以考虑企业的发展战略以及员工的岗位类型。例如，销售岗位可以设置月度、季度销售冠军奖；技术岗位可以设置技术创新奖；鼓励员工按时出勤可以设置全勤奖等。

销售佣金（提成）通常适用于销售岗位，针对销售额或回款额奖励员工相应的佣金（提成）。

计件工资通常适用于生产、仓储等岗位，计件工资根据员工生产的产品数量和计件单价而定。

◆ 津贴、补贴

津贴和补贴是指企业为员工在特殊条件或工作环境下发放的额外补贴，用以补偿员工的劳动消耗或额外支出。例如高温补贴、出差补贴等。

◆ 福利

五险一金（四险一金）、休假、宿舍等都是企业福利，企业可以根据行业特点以及实际情况设置不同的福利。福利可以在一定程度上提高企业的人才竞争力。

1.5.2　薪酬结构模式

根据组成薪酬的各部分的比例不同，薪酬结构可以分为以下三种模式（图 1-15）。

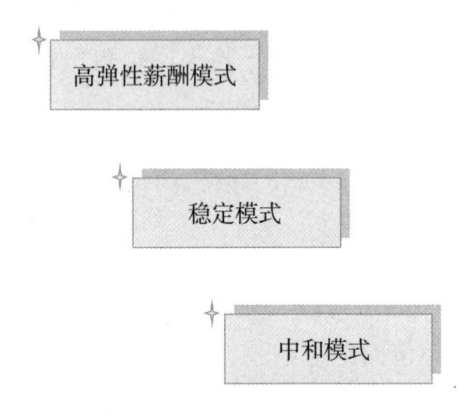

图 1-15　薪酬结构模式

（1）高弹性薪酬模式。在高弹性薪酬模式中，基本工资的占比较小，绩效的占比较大，即浮动工资的占比较高，因此员工的薪酬水平波动较大，这种薪酬模式具有很强的激励性，适合工作热情度高的员工。

（2）稳定模式。与高弹性薪酬模式相反，在稳定薪酬模式中，基本工资占绝大部分，浮动工资占比较少，员工的整体工资水平相对稳定，因此稳定模式适合对工资具有稳定性需求的员工。

（3）中和模式。中和模式中，基本工资和浮动工资的占比介于高弹性薪酬模式与稳定模式之间，二者占比相当，且可进行灵活调整。中和模式既具有一定的稳定性，同时又具有一定的激励性。

运 "酬" 帷幄

薪酬管理需具有合法性

在企业与员工的劳务关系中，员工处于弱势，一些企业为了降低成本，压低员工工资、延长工作时长，而国家为了保护处于弱势一方的员工的合法利益，设置了相关的政策以及法律法规。

合法是企业能够持续经营的基础，在制定薪酬制度的过程中，企业必须遵守国家设置的法律法规以及政策，例如，员工的薪酬不能低于国家规定的最低工资标准，企业要求员工加班需要支付员工相应的加班费用等。

1.6 了解 3E 薪酬体系

1.6.1 什么是 3E 薪酬体系

3E 薪酬体系由人力资源管理学学者张守春提出，3E 是 External Equity（外部均衡性）、Internal Equity（内部均衡性）和 Individual Equity（个体均衡性）三个词的缩写，3E 代表的是薪酬体系的三个设计原则。

设计薪酬体系时，首先要保证其是公平的，其次再考虑它的激励性。公平的薪酬制度能够取得员工的信任、得到员工的支持。如果员工在企业感受到不公平，则会对其工作态度和工作状态产生不良影响。而企业薪酬的公平性体现在外部均衡性、内部均衡性和个体均衡性三个方面（图 1-16）。

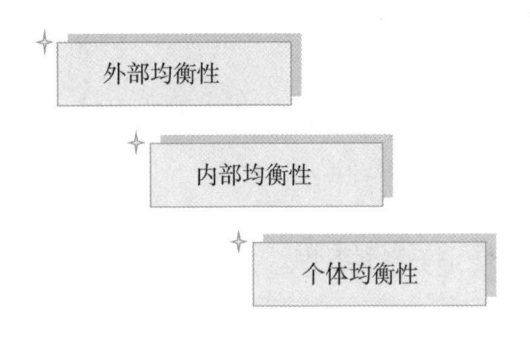

图 1-16　薪酬公平性的三个原则

（1）外部均衡性。外部均衡性体现在企业的岗位薪酬与其他企业的类似岗位的薪酬相比，具有合理的可比性，即符合合理的行业市场定位。

（2）内部均衡性。内部均衡性体现在同一企业内部相同岗位或者职位职责类似的员工，其薪酬水平应相当，而不同岗位的员工，其薪酬应与其为公司创造的价值成正比，即不同岗位员工的岗位工资与岗位价值的比值（岗位工资／岗位价值）应大体相当，这样就可以实现内部均衡性。

 案例分析

某公司 A 员工为研发部经理，B 员工为售后部经理。假定 A 员工一个月的薪资为 4 万元，每个月为企业带来的价值为 25 万元，则 A 员工的岗位工资与岗位价值比为 0.16。假定 B 员工一个月的薪资是 1 万元，每个月为企业带来的价值约为 4.5 万元，则 B 员工的岗位工资与岗位价值比大约为 0.22。虽然 A 员工的工资（4 万元）大于 B 员工的工资（1 万元），但从岗位工资价值比来看，A 员工的岗位工资价值比（0.16）小于 B 员工的岗位工资价值比（0.22），因此 A 员工的工资定低了，而 B 员工的工资相对来讲定高了。

内部均衡对企业发展尤其重要，如果企业内部薪酬制定得不均衡，员工则无法全身心投入工作，甚至可能会造成员工流失。

（3）个体均衡性。个体均衡性是指具有相同岗位的不同员工，其薪酬可以不一样，对能力较强的员工应给予更高的薪酬。

外部均衡性、内部均衡性与个体均衡性是薪酬制定的根本原则，制定薪酬时需综合考虑这三者的关系。

1.6.2 如何实现 3E 原则

◆ 如何实现外部均衡性

在薪酬设计的 3E 原则中，外部均衡性无疑占有重要地位。企业如何设计薪酬才能使其满足外部均衡性呢？这就要求企业相关工作人员在设计薪酬时注意以下四个要素（图 1-17）。

图 1-17 保证外部均衡性需注意的要素

（1）市场基本薪酬水平。企业在制定薪酬策略时，若想使薪酬满足外部均衡性，需关注市场基本薪酬水平，而要掌握市场薪酬水平，需重点关注以下两个方面：最低工资标准和生活消费水平。不同地方的最低工资标准可以参考官方发布的数据，然后结合当地的平均消费水平即可计算出普通员工的基本薪酬。

（2）人才供需情况。人才供需对薪酬具有调节作用。当人才稀缺时，企业的外部均衡性就会相对较低，需要提高薪酬才能满足外部平衡性。

（3）同类企业的薪酬水平。市场基本薪酬水平体现的是一个地方的平均工资水平，然而对企业外部均衡性最有影响的还是同类企业的薪酬水平，制定薪酬时需参考市场上其他同类企业相似岗位的薪酬情况，以确保本企业在人才市场上的竞争力。

（4）企业的战略规划。企业的岗位数量少则十几个，多则几十个，而且各岗位具体职能各不相同。对于企业来说，如果各个岗位都在外部市场竞争中维持较高水平则成本太高，因此在薪酬设置方面要依据自身的战略规划而定。比如针对核心盈利岗位可以提供具有较强外部均衡性的薪酬，而针对普通岗位可以提供具有较弱外部均衡性的薪酬。

 案例分析

某公司的主营业务为新能源汽车动力电池的研发、生产和销售，该公司大约有 300 名员工，虽然公司规模不大，但是该公司凭借独有的核心技术和出色的研发团队，使得公司产品在市场上占有一席之地。该公司未来几年的发展规划为继续提升技术水平，寻求技术突破，通过技术优势进一步扩大公司规模。

该公司正处于上升发展期，为了提升技术水平，吸引高水平人才，同时避免本公司人才流失，该公司对技术人才的薪酬定位应该高于市场水平以满足公司的发展战略。同时，为了控制成本，对行政、后勤等非核心岗位的薪酬定位可以与市场水平持平或略低于市场水平。

◆ 如何实现内部均衡性

内部均衡性可以通过"岗位工资／岗位价值"来判定，因此为了实现企业内部均衡性，设定岗位工资时，需首先评估岗位价值。一个岗位的实际价值难以衡量，但是其相对价值可以通过以下几个要素（图 1-18）来判定。

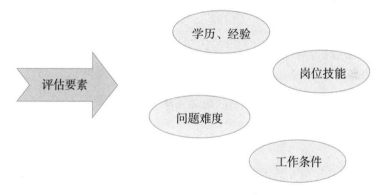

图 1-18　岗位相对价值的评估要素

岗位测评，又称为岗位评估、职位评估，是指管理层根据岗位的相对价值，确定和设定岗位工资水平的过程，通过完善的岗位测评制定的薪酬可以提高企业薪酬的内部均衡性。

岗位测评通常需要如下（图 1-19）的步骤。

步骤一	引导工作分析，确定岗位说明书
步骤二	选择岗位测评方法，确定测评要素
步骤三	设定岗位测评要素的分数和分级
步骤四	组建评估小组，进行岗位测评
步骤五	设定评估小组操作规则
步骤六	回归拟合进行校验
步骤七	得到岗位级别序列

图 1-19　岗位测评的步骤

◆ 如何实现个体均衡性

　　薪酬的个体均衡性建立在内部均衡性的基础之上，主要体现在相同岗位的员工由于每个人的价值贡献不同而产生的薪酬差别。企业薪酬实现个体均衡性可以有效激励员工的工作积极性。

　　与员工的价值贡献相关的要素主要有资历、绩效表现、产出等（图 1-20）。

图 1-20　员工价值贡献的相关要素

（1）资历。资历体现在员工的学历、工作年限、相关经验等方面。通常情况下，学历更高、工作年限更长、经验更丰富的员工薪酬水平更高，这样做有助于吸引和留住高水平人才。

（2）绩效表现。在企业内部，绩效表现更好的员工薪酬通常更高，即多劳多得，这样做不仅体现了公平性，也有助于激发员工工作的积极性。

（3）产出。从表面看，产出与绩效相似，但其实不然。企业中员工的绩效通常具有固定的评判标准，与绩效相关的因素也比较单一。但产出不限于这些固定的因素。

例如，某保安公司的一名员工见义勇为，救了一名落水的女子，该事件得到当地新闻的报道。员工的见义勇为使得该公司的形象得到很大提升，公司的效益也随之上升，在这里员工见义勇为的举动也是一种产出，这种产出不同于日常的工作，但也为公司带来了效益，也应该得到相应的报酬。

学以致用

某公司的员工每月薪酬由以下几部分组成：基本工资＋绩效＋奖金。同时，公司为员工缴纳五险一金（四险一金），每个月组织技能培训。为了关怀员工，员工生日时还会组织生日会为员工庆生。除此之外，公司为员工设置了合理的晋升路线，让每个员工都有晋升的机会。

那么，该公司支付员工的薪酬中哪些是直接薪酬？哪些是间接薪酬？哪些属于内部薪酬？

第 2 章

因人而异，不同岗位薪酬设计

一分耕耘，一分收获，只有付出的劳动与收入相匹配，才能让劳动者内心平衡。而保证劳动者付出与收入的平衡，也是岗位薪酬设计者需要重点考虑的问题。

生产人员、销售人员、研发人员、职能人员、企业高管，这些不同身份的人在各自的岗位上创造着不同的价值，付出了不同的劳动，其收入必定也是千差万别。

设计薪酬，本着因人而异、依岗位而定的原则，仔细分析和评估不同岗位的价值，最终才能设计出合适的薪酬，实现员工与企业的双赢。

2.1　新入职员工薪酬设计

企业在招聘新员工的过程中，除了面试以及相关事务之外，还有一项特别重要的工作，就是为新入职员工设计薪酬，而且在与应聘者面谈薪资之前就需要完成设计。

2.1.1　新入职员工薪酬设计要点

新入职员工是企业的新生力量，会给企业注入新鲜的血液，让企业保持活力。因此，在设计新入职员工薪酬时，不能抱着随意的态度，而是要多方面考虑，重点把握以下设计要点（图 2-1）。

图 2-1　新入职员工薪酬设计要点

◆ 分析企业支付能力

企业在招聘新员工并为其设计薪酬时，要提前分析企业的支付能力，设计出一个企业能够负担的新入职员工薪资范围。如此，企业就可以招聘能力、技术、学历等与职位和确定的薪资范围相匹配的人才。最后，根据应聘者的具体状况，在确定的薪资范围内为其设计薪酬，在面议商讨中再加以具体化。

◆ 考量同行业薪酬情况

同行业薪酬情况是企业为新员工设计薪酬时需要重点参考的一个因素。如果企业为新员工设计的薪酬低于同行业薪酬，那么企业需要的人才就可能会流失。因此，在设计新入职员工的薪酬时要尽量考虑与同行业薪酬水平持平。

如果企业新入职员工薪酬水平高于同行业，可能会招聘到能力、技术等方面更有优势的新员工，但相对地，公司的支付负担可能会更重，新入职员工以后的薪资晋升空间相对也不会太大，这样也会造成人才的流失。因此，在设计新入职员工的薪酬时，要权衡好企业外部和内部两方面的情况。

◆ 保证新入职员工最低薪酬

最低薪酬是保障劳动者基本生活需求的工资水平，一般不包含加班工资、奖金、福利待遇、劳动保险、特殊津贴等，最低工资制度是受到国家法律保护的制度。

因此，在设计薪酬时，不论多么基础的岗位，都要首先保证新入职员工的基本生活需求，再结合新入职员工的技能水平等方面进行考量，为其设计适合的薪酬。

◆ 新老员工薪酬协调

公司在为新入职员工设计薪酬时，也要特别注意协调新老员工薪酬的问题。比如，当公司一些老员工的工作能力与新入职员工相当时，不能让新入职员工的基础工资高于老员工或者与老员工相同，否则容易让老员工产生不平衡的心理。

因此，在为新入职员工设计薪酬时要充分考虑到老员工的感受，将工作年限也纳入参考的范围，综合考量后再进行新入职员工薪酬设计，这样就能更好地协调新老员工薪酬。

◆ 为新入职员工设计激励机制

一般情况下，企业新入职员工的工资相对比较低，这时候设计一些具有吸引力的激励机制并展现给新入职员工，就能吸引新入职员工安心留在公司并积极工作。所谓激励机制就是能够激励员工，激发其工作热情和积极性的制度，包括晋升机制、绩效奖金等（图 2-2）。

晋升机制包括职位晋升、薪酬晋升等，在向新入职员工展现这部分内容时，要明确职位晋升的工作年限、工作要求、薪资晋升的空间大小等。绩效奖金要说明具体的计算方式等。

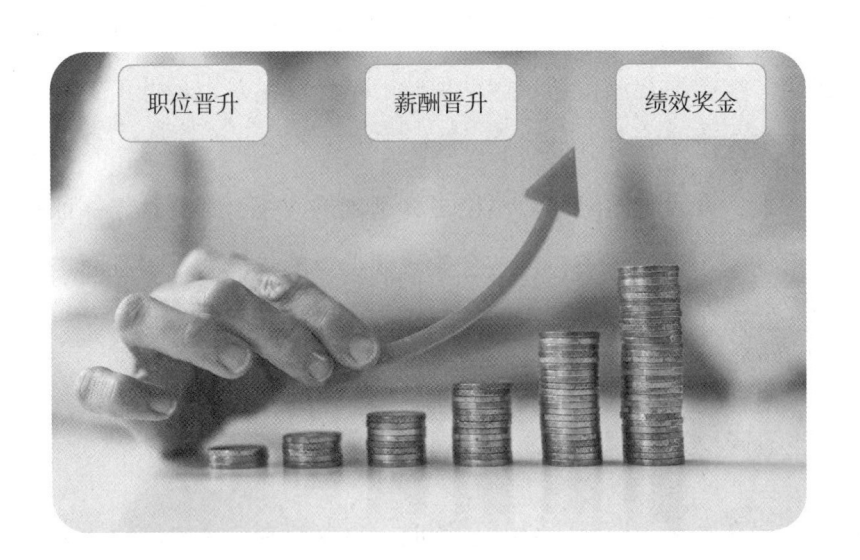

图 2-2　企业激励机制

運"酬"帷幄

员工晋升机制

员工的晋升机制是企业为激励员工的工作积极性和热情，围绕在公司内部提供公平的竞争机会和规范的晋升流程而制定的制度。员工晋升主要体现在职位的晋升和薪资的晋升上，而伴随着职位的晋升，薪资水平通常也会有所调整。

很多人可能会觉得，有升职，就一定有加薪，但其实并非如此，升职并不一定就会加薪。同样的，薪酬的晋升也并不一定依靠升职，很多时候也依靠业绩、奖金等奖励制度，这主要取决于员工贡献的大小。如果员工能够在一段时间内创造较多的业绩，那么在公司制定的绩效、奖金等奖励机制的基础上，就能轻松实现薪资晋升。这种薪资晋升机制会提升员工工作的积极性，为企业创造更多的收益，最终也能提升公司整体的薪酬水平。

2.1.2　新入职员工薪酬分级的依据

根据需求的不同，公司同批次招聘的新员工通常会去往不同的岗位、担任不同的职务，其学历、工作经验等都不相同、设计薪酬时要根据各种不同的情况进行薪酬分级（图 2-3）。

按岗位和职务分级

按学历和工作经验分级

图 2-3　新入职员工薪酬分级的依据

◆ 按岗位和职务分级

根据不同岗位和职务分级是常见的新入职员工薪酬分级方法，即在不同岗位上或者担任不同职务的新入职员工的薪资水平不同，这是很有说服力的薪酬分级方法。

但对在同一岗位或者担任相同职务的新入职员工，就不能进行明确的薪酬分级，而是要尽力让他们的薪资保持一致。因为在同一岗位上的员工，其技能水平通常不相上下，若没有明确依据地进行薪资分级，会让平级的低薪员工产生不平衡心理。

 案例分析

某公司技术岗位需要两名员工，在一个月之前，公司就以5000元的底薪招聘到了一位员工，但在接下来的一个月中，公司也面试了很多人，却始终没有招到合适的技术岗员工。最终公司决定提高底薪急聘一名员工，后来招聘的这名新员工与前面招聘的一名技术岗员工水平相当，但公司允诺他的薪资是6000元，这时公司便面临两个相同岗位员工工资不一致的状况，这种状况很容易让前面招聘的那位员工寒心。

以上案例中的情况是公司在招聘新员工时常常会遇到的问题，面对这种情况，公司应想办法让两人的薪资持平。比如，可以用奖金的形式，给前一位员工补发1000元的工资，也可以给予后一位员工与前一位员工一样的底薪，但以奖金的方式补齐对后一位员工的薪资允诺。

◆ 按学历和工作经验分级

根据学历和工作经验进行薪酬分级，要在职务分级的基础上进行。即学历高和工作经验多的新入职员工在进入公司之后，其职务级别可能就要高于同期低学历和缺乏工作经验的新入职员工，这样薪酬分级自然就能实现。

如果公司将学历较高和工作经验多的新入职员工与学历低和工作经验少的新入职员工安排在相同的岗位上，那么这时候按照学历和工作经验进行薪酬分级的依据就没有太大的说服力，这时候可以在保证所有新员工基本薪资一致的基础上，对学历较高和经验较丰富的员工给予一定的奖励，或者提供一些其他方面的优待和保障。

2.2　生产人员薪酬设计

在公司一线担任生产管理者和生产实施者的员工就是生产人员，生产人员的职责就是能保质保量且按时生产公司产品，保证产品能够及时且顺利地交付。

因此，生产人员的薪酬设计可以从产品生产数量、时间、质量等方面去考虑，将之分为计件薪酬设计方案、计时薪酬设计方案以及按产量的薪酬设计方案（图 2-4）。

图 2-4　生产人员薪酬设计方案

2.2.1 计件薪酬设计方案

所谓计件薪酬设计方案，就是按照生产人员生产产品的件数来计算其薪酬的方案。这是一种比较简单的薪酬设计方法，直接体现了按劳分配的理念，能够极大地激励员工的工作积极性，提高公司的生产效率。

案例分析

某企业下面有一家生产手机外壳的工厂，其生产人员的薪酬设计方案为计件制，即按照生产人员生产手机壳配件的件数来计算其薪酬。

企业规定，生产一件手机壳员工可获得1元，每位员工每天至少生产100件手机壳，这样就能保证每个员工一天至少能够拿到100元的工资。过了一段时间，企业领导发现，工厂的生产效率并不是很高，很多员工不能达到每天的生产定额，于是领导召集各个管理人员开会商讨，决定改变薪酬制度，具体制度为：生产人员每天生产的手机壳数量超过100件的部分，按照每件1.5元的价格来计算工资。这个方案一出，生产人员的积极性和工作热情便被调动了起来，工厂的生产效率也得到了提升。

从以上案例中可以看到，计件薪酬设计方案有很多不同的形式，按照企业自身的情况，设计出合适的方案，才能实现企业和员工的双赢。

2.2.2　计时薪酬设计方案

计时薪酬设计方案就是以工作时长为标准为生产人员设计薪酬的方案。这种薪酬设计方案相对于计件薪酬设计方案来说，在激发员工工作积极性方面就会差一些，但对于一些临时工多、无法计算产品件数以及加班多的工厂来说，也是比较好的选择，因为这种方式结算工资更加方便和有序。

2.2.3　按产量的薪酬设计方案

很多工厂生产的产品不能按件数来计算，比如矿产业。在这种情况下，就需要按产量来计算生产人员的薪酬。

按产量来计算生产人员薪酬时，首先要确定一个产量工资系数，这个系数由生产人员的工价和预期产量等来计算。生产人员的总产量乘以产量工资系数，就是生产人员的薪资。

运"酬"帷幄

岗位绩效薪酬设计方案

除了按照产量、时长等为生产人员设计薪酬之外，还可以按照生产产品合格率（质量达标）来考核员工，按照产品合格率考核员工，制定岗位绩效薪酬方案是比较常用的一种薪酬计算方法。

岗位绩效薪酬制度是很多企业常常会使用的薪酬计算方案。

岗位绩效薪酬制度主要分为两部分，即岗位基本工资和绩效工资，其他额外的还有各类奖金、津贴、福利等。

岗位基本工资是相对固定的一部分工资，但按照不同的岗级，这个数额会有不同。

绩效工资是变动的一部分工资，即按照员工作出的具体贡献来计算，有一定的计算方式。这里所讲到的计件薪酬计算方案、计时薪酬计算方案和按质量薪酬计算方案都可以归入变动工资的部分，因为员工生产产品的数量、时间和质量是可以变化的。

2.3　销售人员薪酬设计

　　企业销售人员与其他员工相比，其工作时间、方式等都有更大的灵活性，常常会有出差、见客户等工作。因此，销售人员的薪酬管理一般采取增大可变动部分而减少固定部分的方式，使其工资与成交额紧密挂钩，常用的设计方案有纯提成和固定工资加提成两种。

2.3.1　完全变动制——纯提成设计方案

　　纯提成的方案主要是指不为销售人员设计基本的固定薪资，而全部按照其销售额度的一定比例来提成，有很大的自由性。

　　在纯提成计算薪酬的方案中，提成比例就显得比较重要，不同的公司会根据自己的情况制定不同的提成比例，常用的有固定提成比例、阶梯制提成比例和超额提成比例（图 2-5、图 2-6）。

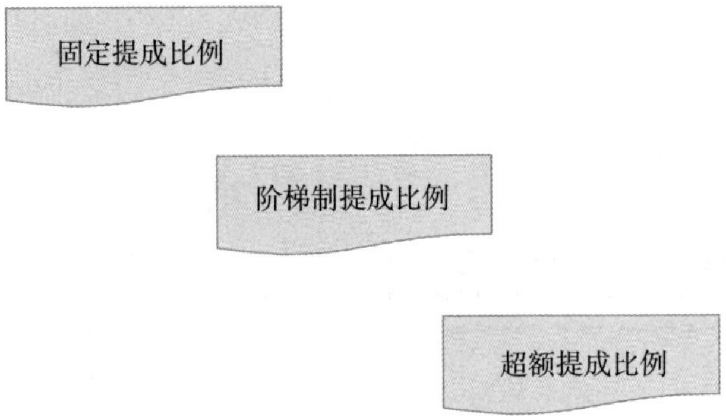

固定提成比例

阶梯制提成比例

超额提成比例

图 2-5 销售人员成交额提成比例类型

◆ 固定提成比例

固定提成比例就是一个固定的比例值，根据公司和产品的实际情况确定，确定之后销售人员的薪资计算方式就是：成交总额 × 固定提成比例。

有关固定提成比例，公司销售部门中不同级别的员工，如销售经理、销售总监与销售员，一般都有不同的提成比例，但同一级别的销售人员的提成比例通常是一致的。

◆ 阶梯制提成比例

阶梯制提成比例，就是将销售额分为不同的阶段，每个阶段的提成比例不同，可使用递增或者递减的方式。比如，某公司将销售人员的销售额分为两个阶梯，成交额在第一阶梯范围内的按照 10% 来提成，在第二阶梯范围内的按照 12% 来提成。

◆ 超额提成比例

有些公司会根据情况设置一条相对合理的成交定额，只有当销售人员的销售额超过这个额度线时，才能按照一定的比例来计算薪酬，这便是超额提成比例。

一般情况下，超额提成比例相比于固定提成比例要更高一些。

销售总额×固定提成比例

一阶梯销售额×提成比例1+……（总成交额-前几阶梯成交额）×提成比例n

（成交总额-成交定额）×超额提成比例

图 2-6　按不同提成比例来计算销售人员薪酬的公式

2.3.2　保障制——固定薪资 + 提成的方案

为了给销售人员一定的工资保障，很多公司都会使用固定薪资 + 提成的方案为销售人员计算工资，其中的固定薪资就是底薪或者基本工资。

销售人员的底薪相对比较低，不同的公司会有不同的底薪，主要根据公司具体的情况来定。但总体来说，销售人员的底薪不能低于当地的最低工资水平，以保障其基本生活需求。

提成工资的计算方法在前面已经讲过，也是按照一定的销售额度和提成比例来计算这部分工资，以上使用的方式在这种模式中也是适用的。

固定薪资加提成的方案还可以设计成固定薪资加提成再加奖金的形式，这样对销售人员能够起到较好的激励作用。奖金作为一种激励机制，需要设定一个较高的成交额度，当销售人员的销售额达到这个高度的时候，就为其发放奖金。

运"酬"帷幄

以团队的形式管理销售人员薪酬

以团队的形式管理销售人员薪酬需要在团队人数较多的基础上进行，是公司鼓励内部竞争、提高成交率的方式。

以团队的形式管理销售人员薪酬的方法主要有瓜分制、浮动定额制等。

瓜分制就是首先将销售团体中所有人一个月的工资算在一起，形成一个总工资；然后将团体中所有人一个月的销售额加在一起，形成一个总销售额；最后按照个人销售额占总销售额的比例从总工资中获取薪酬。其计算公式为：个人工资＝团体总工资×（个人销售额÷团体总销售额）。

浮动定额制是指先确定一个总的月销售定额，即由销售团队当月的销售总额除以团队总人数。如果团队中销售人员的月销售额在浮动定额以上，则超出的部分按照一定比例计算提成，如果销售人员的个人销售额在月销售定额以下，则拿基本工资而不计算提成。

2.4　研发人员薪酬设计

　　研发人员是在有研发业务的公司中从事研发活动的员工，主要包括研究人员、技术人员、辅助人员等（图 2-7）。研究人员是项目研究和开发的专业人员；技术人员是掌握某一领域或某几个领域技术的人员，在研究人员的指导下从事技术类工作；辅助人员是辅助研究人员和技术人员开展研发活动的人员。研发人员一般是公司的核心人员，其薪酬水平相对较高，固定薪酬相对于销售人员来说显得更加稳定。

图 2-7　研发人员类别

2.4.1 研发人员薪酬类型

研发人员的薪酬与其技术水平、所研发的产品以及所参与的项目等密切相关。研发人员的薪酬有基本工资、项目奖金、技术薪资、绩效奖金以及各种津贴和福利等类型（图2-8），以下主要介绍基本工资、项目奖金、技术薪资和绩效奖金。

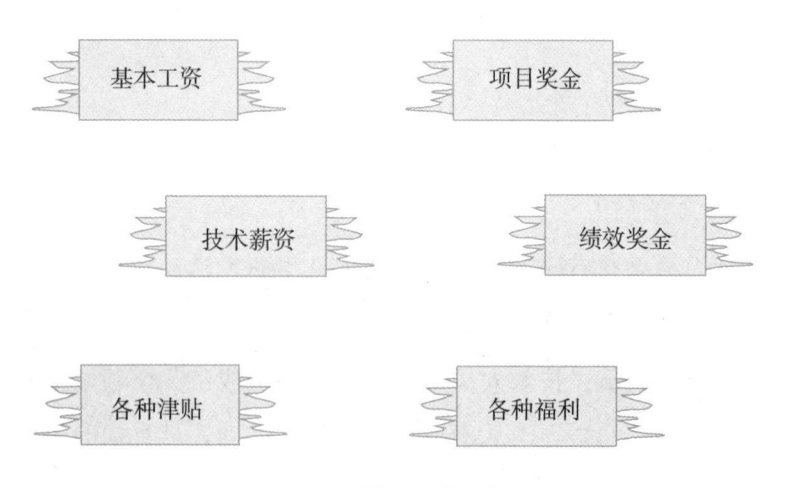

基本工资　　　　　项目奖金

技术薪资　　　　　绩效奖金

各种津贴　　　　　各种福利

图2-8　研发人员薪酬类型

在研发人员的薪酬结构中，固定的基本工资通常占有很大的比重，一般根据技能水平和岗位将研发人员分级，不同级别的研发人员有不同水平的基本工资。

因为研发人员很多都是以团队为单位，就某一个项目而展开工作，因此设置项目奖金对其有非常好的激励作用，能够鼓励研发人员提升产品品质和市场竞争力。

技术薪资是为了激励研发人员提升自身技能的补贴，表现为技术每增长一级，其基本薪资增加一定额度。

绩效奖金是根据研发产品产生的价值来制定的薪酬类型，即按照研发人员创造的价值，按一定比例为其发放绩效奖金或提成。

运 "酬" 帷幄

研发人员薪酬水平的影响因素

研发人员的薪酬水平主要受到内部岗位价值和外部薪酬水平的影响。

当公司内部研发岗位为公司核心岗位，并且对研发人员的技术创新能力要求较高时，研发人员的薪酬水平相对就会高一些，如果一家公司对研发新技术和产品并没有多大的需求，这样研发人员的薪酬水平相对就低一些。

外部薪酬水平对研发人员薪酬的影响表现在需求度方面，如果研发人员所掌握的技术较新，并且有广泛的需求，这时候研发人员的薪资相对就更高。如果研发人员掌握的技术不被广泛需求，那么其薪资也相对较低。

2.4.2　按需设计研发人员薪酬

研发人员薪酬设计的总体结构一般是：基本薪资 + 技术薪资 + 项目奖金 / 绩效奖金 / 提成 + 津贴 + 福利。但具体的设计方案，要按照公司的实际需求来制定。

◆ 技能导向，分级薪酬

研发人员分级薪酬一般是：基本薪资 + 技术薪资 + 津贴 + 福

利。这种薪酬结构比较注重研发人员的技能水平，即一般都会按照技能水平和岗位对研发人员进行分级，在分级的基础上逐一制定固定薪酬。

比如，某公司研发部的研发人员总共分为初级研发工程师、中级研发工程师、高级研发工程师、专家工程师几个级别，而这些人员又分别在不同的岗位，其薪资设计如表2–1所示。

表2–1　某公司研发部研发人员薪酬结构表示例（单位：元）

级别　　岗位	岗位1	岗位2	岗位3
初级研发工程师	5000	5500	6500
中级研发工程师	7000	7500	8500
高级研发工程师	9000	9500	10000
专家工程师	12000	13000	15000

通过上表可知，每一个级别之间的薪酬差额，就是之前所说的技术薪资。

◆ 追求创新，基本薪资＋项目奖金

一些公司追求技术创新，常常会成立一些技术创新或研发项目，鼓励研发人员进行技术创新，研发出新的产品。公司会根据项目的创新效果以及完成情况，为研发人员设计项目奖金。因此，这类公司研发人员的薪酬结构一般为基本薪资＋项目奖金＋津贴＋福利。

有关项目奖金的设计，通常会按照项目的大小、难易程度、完成情况等进行分级，并且设计一定的薪酬标准，最后按照研发团队中人员的职位、技术水平、贡献大小等进行发放。

◆ 价值驱动，基本薪资 + 绩效 / 提成

在一些追求研发产品销售业绩的公司，通常以研发人员研发成果的价值来为其设计薪酬，其薪酬结构一般为：基本薪资 + 绩效 / 提成 + 津贴 + 福利。

在这一薪酬结构中，绩效或者提成与研发产品的销售额度密切相关，即当产品销售额达到一定额度的时候，超出的部分按照一定的比例为研发人员计算绩效或者提成。

2.5　职能人员薪酬设计

职能人员是指除了销售、研发、生产人员之外的管理和后勤服务人员，主要有财务人员、人力资源管理人员、行政人员等，这类员工因为不从事具体的销售、研发、生产工作，而是做一些管理和后勤服务工作，因此总体薪酬较低，其薪酬结构中以固定薪酬为主。

2.5.1　财务人员薪酬设计

◆ 薪酬固定，调整灵活

财务人员的薪酬设计与生产工人或具体岗位员工的薪酬设计有较大区别，生产工人或具体岗位员工因存在计件工资、绩效工资等，工资具有浮动性、不稳定性。而一般来说，财务人员每个月的薪酬是固定的。

通常，财务人员的薪酬会经历三个阶段的变化，即试用期薪酬、作为正式员工的薪酬、工作满一定周期（一般是一年或两年）后的薪酬整体调整。

◆ 产值量化薪酬模式

中小微企业的财务人员较少，工作内容和工作量比较好评估，因此，与规模较大的企业相比，中小微企业的财务人员的薪酬标准很好设定，在充分考虑企业用人成本的基础上，结合本企业的财务工作内容和工作量对具体财务岗位薪酬进行评定即可。

大企业的财务人员通常较多，甚至需要设立专门的财务部门，这时不同财务人员的具体薪酬设计必然会存在差异性，不会统一设定为同一薪酬标准。

产值量化薪酬模式是非常适合对一个企业内多个财务人员进行分工薪酬设定的重要薪酬模式，这一薪酬模式可针对不同财务人员的分工（具体工作职责、工作内容、工作效果等）进行薪酬设计。工作职责越重、工作内容越多、工作效果越出色，薪酬标准越高。

简单地理解，财务产值量化薪酬模式就是一个阶梯薪酬模式，薪酬管理设计人员设定财务人员的薪酬时，先明确基本工资，在此基础上，根据不同工作内容、工作量，如财务内表、财务凭证、财务外表报税、财务筹划、资金规划、成本管理、防损管控、预算管控、经营分析、投融精算、投资操盘等工作内容的增加或减少，相对应地增加或减少薪酬工资标准（表2-2）。

2.5.2 人力资源管理人员薪酬设计

人力资源管理人员是企业的重要人才，是进行薪酬管理与设计的人员，要确保企业中每一个人的薪酬合理、规范，也要确保自身薪酬管理与设计的科学、规范。

表 2-2　财务人员产值量化薪酬模式表示例

基本工资	3000（元）	根据增加的工作内容，增加各项薪酬标准
一级财务	工作内容	
	工作薪酬	
二级财务	工作内容	
	工作薪酬	
三级财务	工作内容	
	工作薪酬	
四级财务	工作内容	
	工作薪酬	
五级财务	工作内容	
	工作薪酬	
六级财务	工作内容	
	工作薪酬	
七级财务	工作内容	
	工作薪酬	

注：表内阴影代表不同工作内容项（浅色）及相应增加工作薪酬项（深色）。

传统人力资源管理的薪酬采用固定薪酬，即管理人员每个月拿固定工资，这就很容易导致人力资源管理者干多干少一个样，无法从根本上调动人力资源管理人员的工作积极性，也无法为企业招到人才、留住人才。

为了避免人力资源管理人员无论工作能力高低、内容难易都同酬的情况，在满足基本薪酬需求的基础上，实现各自工作职责与成效因人而异，就需要对不同人力资源管理人员的薪酬设计做到以人为本、差异化处理。

人力资源管理人员的薪酬设计同样可以采取产值量化薪酬模式，具体来说，首先，明确岗位基本工资；其次，根据不同人员的具体工作内容与工作量给出薪酬增减项。具体可参照财务人员产值量化薪酬模式操作方法，这里不再赘述。

2.5.3　行政人员薪酬设计

行政人员是一个企业内部的重要组成人员之一，一般来说，各用工单位会根据企业自身的人力成本和岗位重要程度来对行政人员的薪酬进行设计。通常，企业行政人员的薪酬为固定薪酬，在行政人员入职时就以合同的形式具体明确，此后的岗位薪酬可能会存在变动，但基本以固定薪酬发放。

在针对企业行政人员进行薪酬设计时，应特别明确以下几个薪酬标准（图 2-9）。

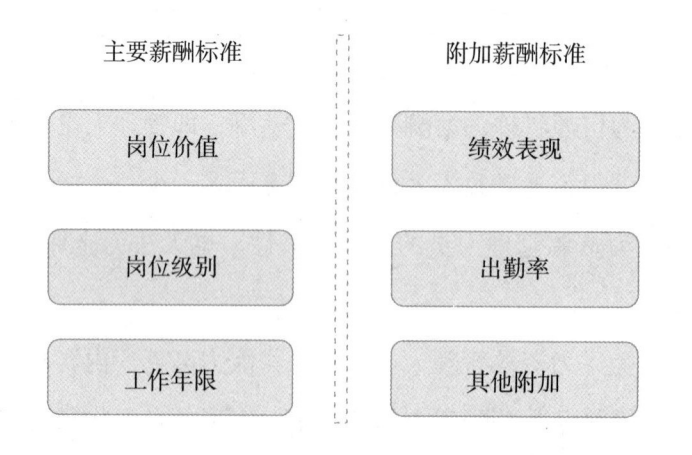

图 2-9　行政人员相关薪酬标准

行政人员在企业内部起到重要的作用，有时甚至会影响到整个企业的正常运行和未来发展，因此要实事求是地为本企业行政人员制定完善的薪酬体系与标准，确保行政人员能有稳定的薪酬标准以外，在工作机理、社会保险、生活补助等方面的附加薪酬也能得到合法、合情、合理的保障。

2.6　企业高管薪酬设计

2.6.1　企业高管薪酬分配理念

企业高管是企业的优秀人才，在企业整体管理与经营过程中发挥着重要的领导作用。因此，对企业高管的薪酬管理与设计应非常慎重，薪酬标准既不过分向企业高管"倾斜"，又能与高管的人才价值相匹配，同时，满足企业高管的岗位需求。

从企业薪酬分配的科学性来说，一个企业的薪酬分配没有非常完善一说，只有相对完善，而在相对完善中，"适合"本企业的薪酬分配才是最合理的薪酬分配。

企业高管的薪酬分配可以参考华为公司的"获取分享"分配理念，该理念提出，企业中的每一个人，包括高管，应该在为企业客户创造价值的过程中获得收益，这个收益是由客户来决定的，企业要发展，依靠的永远是"拉车的人"，而不是"坐车的人"。

企业高管作为企业重要项目、大项目的"拉车人"，应充分发挥带头作用，在为客户创造价值的过程中实现自身价值，而企业也会从客户的受益反馈中给予企业高管肯定，让企业高管能分享企业成长所带来的回报。当然，这一"获取分享"薪酬理念必须建立在企业管理和经营者重视企业管理人才培养、肯定企业高管对企业发展驱动的重要前提下（图2-10）。

图2-10　企业高管的薪酬分配理念

💡 运"酬"帷幄

几个代表性薪酬分配理念

在一个企业内部，不同的员工对企业发展的促进作用大小不同，企业自然会采取不同的薪酬分配理念对待，一般来说，常见代表性企业薪酬分配理念有以下几种。

降低成本

企业最大限度地控制用人成本，用少的薪酬付出换取员工的劳动付出。这种薪酬分配理念一般适用于企业不太重要的岗位人员或企业人才供大于需的情况。

量力而行

企业根据自身经营管理效益情况支付员工薪酬，一般不会考虑其他同类企业的薪酬标准，但通常与同行业内其他企业保持相对一致。这类薪酬分配理念容易让员工产生"高不成低不就"的心态，无法调动员工的工作积极性。

投资人才

针对行业稀缺人才，企业通常会不惜花费重金招聘人才、留住人才，这是创新型企业、知识型企业、人才聚集型企业的重要薪酬分配理念。

事业共享

企业在支付员工基本岗位工资的基础上，通过分配企业超额利润、分配股权，来让员工与企业经营管理者实现企业发展价值共享，让员工产生"为自己打工"的心态。

企业高管与普通员工相比，为企业创造的价值更多、发挥着更大的驱动作用，因此，事业共享这一薪酬分配理念主要针对企业高管，以效益激励高管。

 ## 2.6.2　企业高管绩效考核

目前，对企业高管的绩效考核主要考虑业绩完成情况、能力素质、目标责任分数等（图 2-11）。

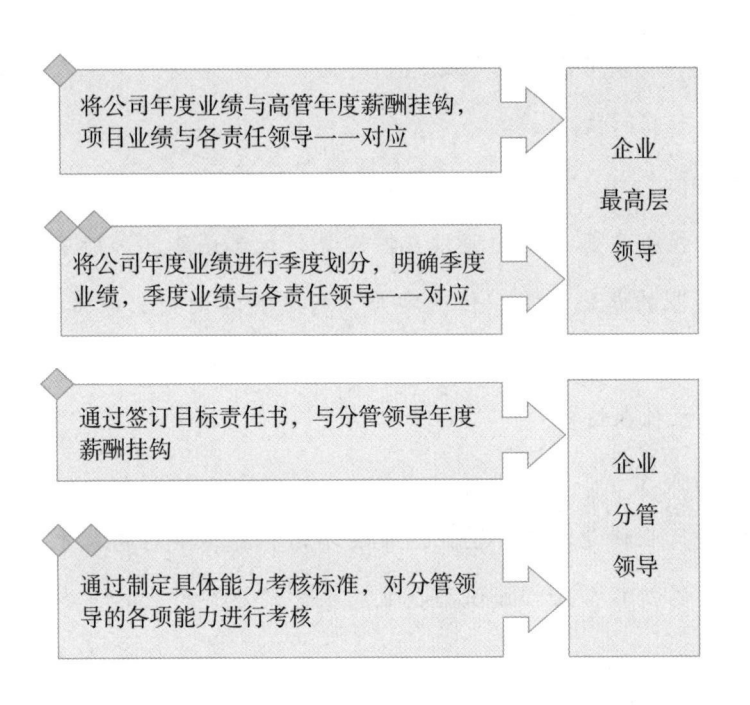

图 2-11　企业不同高管考核方法

　　在确定企业高管基本薪酬考核方法的基础上，结合本企业情况设定高管薪酬指标（图 2-12），综合计算和评估企业高管的薪酬。

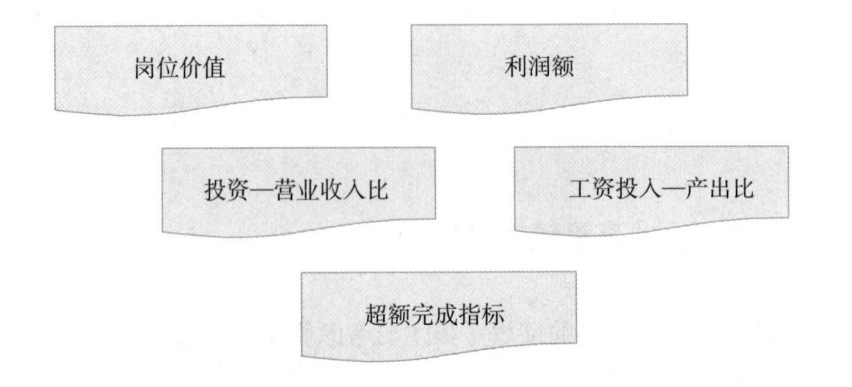

图 2-12　企业高管薪酬指标

2.6.3　企业高管年终奖励

对于企业来说，最大化地激发企业高管的工作积极性，让企业高管产生归属感，是非常必要的。因此，很多企业会在设计企业高管薪酬标准的基础上，再增加高管年终奖励增项。

高管年终奖励这一增项的具体奖励内容、方法、价值具体可以结合本企业的实际运营管理成本、效益以及人才管理理念来设定，需要充分尊重企业领导管理者的意愿。

针对企业高管年终激励增项（通常以奖金的形式）的发放，一般来说，以年终奖金扣除季度已发放奖金部分，剩余则为企业高管年终激励增项。

在这里需要特别指出的一点是，企业高管的年终奖励一定要与企业高管的业绩完成情况形成可统计、可计算的关系，以减少年终奖励发放的随意性。

学以致用

大学毕业生李某和有三年工作经验的张某在同一周经网络招聘进入 C 公司的同一岗位，C 公司的薪酬管理工作人员在为李某和张某进行薪酬设计时应重点考虑哪些薪酬标准？在不同薪酬标准的权重方面应该如何权衡？是应以学历为重，还是以工作经验为重？或者你有哪些其他方面的考虑？

经过一段时间的实习后，李某和张某双双转正，此后，由于张某工作出色，在实际工作中承担了小组领导的职责，并对各项工作的统筹协调安排有序。此时，公司考虑对张某的岗位进行重新定位，提拔张某为部门主管。针对这一情况，作为薪酬管理工作者，你认为应该对张某的薪酬做出哪些调整比较合理？

第 3 章

喜闻乐见，员工附加薪酬设计

除了基本工资、绩效和奖金以外，薪酬体系还包含一些附加薪酬，如津贴、补贴、福利、年终奖等。这些虽不是薪酬体系中的核心部分，但也是员工十分关心和重视的部分。

　　企业做好附加薪酬设计，对于员工而言，其满意度会显著提升，进而更愿意为企业效力；对于企业本身而言，其良好的形象会就此树立，进而更受员工青睐。因此，很多企业为了体现人文理念，优化薪酬管理，都非常注重附加薪酬的设计。

3.1　津贴

　　津贴区别于工资，是薪酬的一种附加形式。通俗来讲，津贴就是一种额外补偿，即企业对员工在特殊条件下所付出的劳动给予的一种额外补偿。

　　实际上，津贴是工资的一种补充，而且有一定的标准和要求，即员工要在一些特殊的条件下付出劳动，才会有相应的津贴，如高温津贴、山区津贴、医疗津贴等。

　　做好津贴设计，能够有效提升在特殊条件下工作的员工的薪资水平和满意度，也能提升员工工作的积极性。

　　不过，要想做好津贴设计，首先要对津贴以及津贴设计的注意事项有所了解和认识。

3.1.1 都有哪些津贴形式

通过前文所述可以对津贴的形式略知一二，当然，津贴远不止以上几种，还有很多种形式。下面就来了解一下津贴的常见类型（图3-1），以便为津贴的设计做准备。

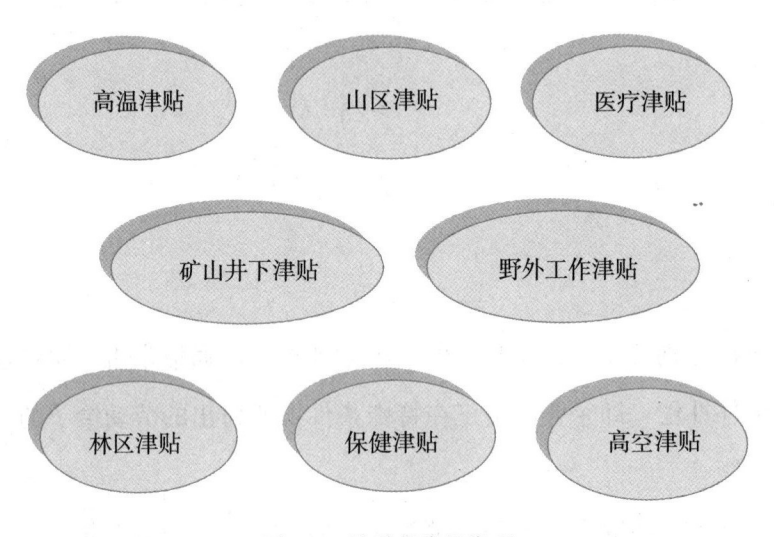

图 3-1 津贴的常见类型

可见，津贴的形式多种多样。这里主要对常见的高温津贴、山区津贴以及医疗津贴进行简单介绍，其余不再一一说明。

高温津贴，顾名思义，就是在高温环境下工作的员工（图3-2）依法享有的岗位津贴。并不是所有人都可以坐在舒适的办公室工作，有些人不得不到户外作业，比如快递员、建筑工人等，无论户外气温如何，都要正常劳作。对此，企业会提供高温津贴，以补偿员工。

山区津贴，是指为了补偿在偏远地区工作的人员而设立的津贴。相较于城市，偏远地区的生活环境、基础设施等更差一些，发展空间也更小一些，因此企业或单位通常会为员工提供山区津贴。

图 3-2　高温天气下送快递的快递员

医疗津贴，是指为了确保员工身体健康而提供的一种津贴形式。在快节奏的今天，很多员工都承受着高压在工作，久而久之，员工的身体健康状况逐渐受到影响，为了保障员工的身体健康，并稳定员工的情绪，企业会向员工提供医疗津贴。

上述是一些常见的津贴，除了这些，还有一些功能性津贴，也就是针对不同岗位和不同工作性质所设立的津贴，如夜班津贴、技术津贴、住房津贴等。

 案例分析

某建筑公司为了确保自己的员工的人身安全，每年的 6 月至 8 月都会为在高温天气下露天工作的员工发放高温津贴。比较人性化的是，该建筑公司还为在温度高于 33℃ 的室内环境工作的员工发放高温津贴。除此之外，该建筑公司还为员工提供了饮料、药品等福利。

该建筑公司高温津贴以及各项福利的提供，不仅符合国家的相关规定，而且体现出对员工的人性化关怀，让员工体会到了来自公司的认可与尊重，对公司产生良好的印象，由此也更愿意为公司服务和效力。

3.1.2 合理进行津贴设计

鉴于津贴的作用和意义，企业必须做好津贴设计。不过在进行津贴设计时，首先要了解津贴发放的依据，其次要明白津贴标准。

通过上述内容基本也能了解津贴发放的依据，这里再次进行系统总结。总体来说，津贴发放的依据包含以下三个（图3-3）。

图3-3 津贴发放的主要依据

在设计津贴项目时，要根据具体工作的性质、环境以及氛围来设计相应的津贴，这样才更有针对性。

此外，在设计津贴时，要了解津贴标准。所谓津贴标准，指的是某项津贴在单位时间内所应支付的金额。

一般来讲，制定津贴标准有两种方法，一种是绝对额法，即根据绝对金额来确定津贴标准，另一种是比例法，即根据员工的基本工资的比例来确定津贴标准。通常，第二种方法更为常见。

　　需要提醒的是，在确定津贴标准时，要考虑三个因素，具体如下图 3-4 所示。

图 3-4　确定津贴标准需考虑的因素

　　当设定工资标准时，如果已经将一些特殊的劳动补偿考虑在内，那么就不必单独设立补偿津贴；反之，则要考虑另设补偿津贴。

　　在设计津贴时，要考虑劳动的特殊性，也就是对劳动的性质进行评定，进而以此为依据来设定不同等级的津贴标准。

　　有些工作会对员工的身体健康造成影响，此时就需要测定工作对员工身体健康造成影响的程度，并以此为依据来确定对员工进行津贴补偿的标准。

　　总体而言，企业应根据国家的标准以及企业的具体情况来制定和调整津贴标准，做好津贴设计。

💡 运"酬"帷幄 ━━━━━━━━━━━━━━━━━━━━━━━━»»

津贴的支付方式

了解了津贴的类型、发放依据和设计标准，接下来就来了解一下津贴的支付方式。总体来讲，津贴有以下两种支付方式（图3-5）。

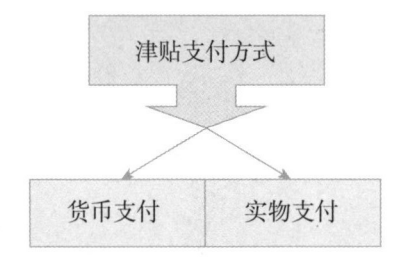

图3-5　津贴支付的两种方式

货币支付和实物支付是津贴支付的两种主要方式。通常情况下，如果津贴主要用于补偿员工的额外劳动，会以货币的形式支付；如果津贴用于补偿员工的身体健康损害，有的企业会采用实物的形式支付，有的则采用货币的形式支付。

通常，企业在发放工资的时候，会将津贴连同工资一起发给员工，即全额支付。有时企业也会根据考核情况，如员工的考勤、业绩等，分阶段支付。

━━━━━━━━━━━━━━━━━━━━━━━━━━━━━━»»

3.2　补贴

补贴是为了确保员工的生活水平不下降，而依照一定的标准给员工发放的补助性收入。

最初，补贴这种经济补偿的方式常被政府使用，随着社会的不断发展，补贴也开始被企业广泛采用，作为薪酬的一种补充方式。

合理的补贴能让员工切实受益，对于树立企业形象也十分重要，所以做好补贴设计很有必要。

3.2.1　补贴包含哪些形式

一般来讲，补贴包含两种形式，具体如下图 3-6 所示。

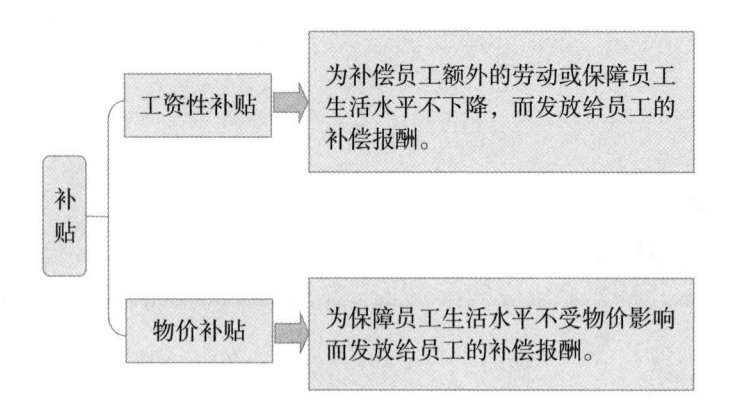

图 3-6　补贴的形式

通常，工资性补贴主要包括住房补贴、交通补贴、餐饮补贴、医疗补贴、通信补贴等。物价补贴一般包括肉类价格补贴、粮价补贴、水电费补贴等。

补贴的标准并不统一，所以企业可以根据企业自身情况制定不同形式的补贴。

💡 运"酬"帷幄

补贴与津贴

很多人会将补贴与津贴相混淆，分不清二者有何异同。实际上，补贴与津贴的本质没有区别，但有侧重点上的差别。

具体来讲，补贴更侧重生活，是对日常生活费用开支的补助；津贴则更侧重生产，是对一些特殊劳动付出的补偿。

3.2.2　实施补贴项目的作用

　　每一类薪酬对员工来讲都是有利的，补贴也是如此。而且，补贴不仅对员工有利，对企业本身也非常有利。具体来讲，实施补贴项目的作用集中体现在以下几个方面（图 3-7）。

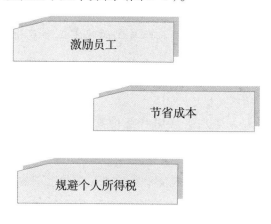

图 3-7　实施补贴项目的作用

　　首先，实施补贴项目可以对员工起到激励作用，激励员工更加积极地开展工作。虽然补贴的金额不是很多，但是对于每一位员工来说，都是值得开心的事情，而且在日后的工作中会更加积极和努力。

　　其次，实施补贴项目可以为企业节省部分成本。很多人认为，给予员工补贴，只会增加企业成本，根本谈不上节省成本。实际并非如此。如果降低员工的基本薪酬，那么以补贴的形式来补充给员工，如通信补贴、交通补贴等，这样就可以降低基本薪酬的发放金额。

　　最后，实施补贴项目可以避免员工多缴纳个人所得税。个人所得税是以员工的基本薪酬为基准的，企业在调低员工基本薪酬的基础上，以补贴的方式来补偿员工，员工也会乐意接受。

总体来讲，补贴与员工的生活紧密相关，所以企业可以通过补贴的形式来提高员工的生活质量，比如发放用餐补贴、交通补贴、通信补贴等，这样可以达到双赢的目的。

 案例分析

上海某游戏制作公司将新入职员工的基本工资定为 4300 元，又通过不同的方式为员工发放补贴，包括住宿补贴、用餐补贴、通信补贴等，合计 1000 元左右。

该公司的基本工资水平在同行业中虽然不算高，但其各项津贴可以弥补基本工资的缺失，这样还能避免多缴个人所得税，减少企业成本开支。新入职的员工对此不仅十分满意，而且工作的积极性很高。

3.3　福利

福利虽然不是薪酬的核心部分，但也是薪酬中的重要部分之一，是以附加的形式存在的，而且类型众多，深受员工的重视。设计完备的福利制度，不仅有助于企业吸引优质人才，也能提升员工的幸福感，进而增强员工的凝聚力。所以，现在越来越多的企业重视福利的设计。

3.3.1　什么是福利

对于已经参加工作的人来讲，提及福利并不陌生，但基本上很难说明白福利到底是什么。

简单来讲，福利是企业为员工提供的一种补偿性薪酬，多为非货币形式的收入，一般以实物或服务等形式发放。

通过这一概念，我们也能从中了解到福利的一些基本特点，为了更深入地认识福利，这里对福利的特点（图 3-8）进行总结说明。

图 3-8　福利的特点

报酬性，不难理解，是企业对员工的一种经济补偿，是员工薪酬中的重要组成部分。

补偿性，是指福利并不是通过货币的形式作为基本工资发放给员工，而是基本工资之外的一种物质补偿。

多样性，是指福利的类型多种多样，同时也指给付的形式多种多样。

均等性，是指福利面向的是企业所有员工，只要在规定范围内，无论员工劳动付出的多与少，都可以享受企业福利。

3.3.2　福利的类型多种多样

根据不同的标准，福利有着不同的类型。下面就来认识一下多样化福利的类型（图 3-9）。

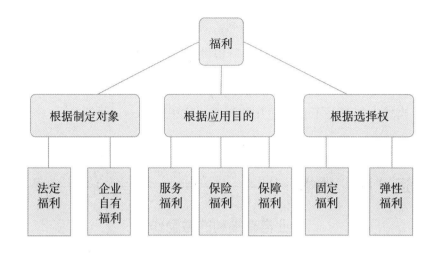

图 3-9　福利的类型

实际上，上述不同的福利还可继续细分，以下就对这些不同类型的性质进行细分以及具体说明。

法定福利，是指依照国家相关政策和法规，员工有权利享有且企业必须提供的福利，具体是指"五险一金"，即养老保险、医疗保险、失业保险、工伤保险和住房公积金。

企业自有福利，是指企业根据员工的实际需求，或者依据自身的实际状况向员工提供的福利。

服务福利，是指企业为了更好地服务员工，满足员工的需求，提升员工的满意度，而为员工提供的福利，如休假福利。

保险福利，是指企业为员工以后可能遇到的风险提供的福利，如失业险、大病险等。

保障福利，是指企业出于对员工生活的考虑而提供的福利，如医疗性福利、住房性补助等。

固定福利，是指一些固定不变的福利，如法定福利，根据企业规章制度设定的福利都属于固定福利，每个员工有享有权。

弹性福利，是指员工在企业所提供的一些福利中自行选择享有的福利，这些福利一般是企业自行制定的，目的是满足不同员工的不同需求。

当然，福利并不止上述几种类型，这里不再一一说明。

运"酬"帷幄

企业自有福利的激励作用

因为法定福利是大部分企业都有的福利，所以相较而言，员工对企业自有福利更感兴趣。也就是说，企业自有福利对员工有着更大的激励作用，其激励作用具体体现在以下几个方面（图 3-10）。

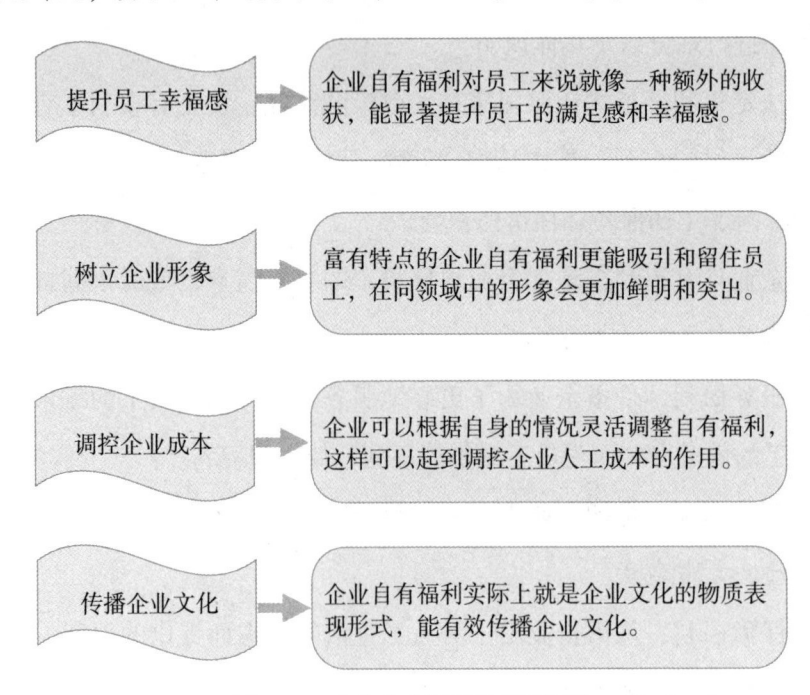

提升员工幸福感	企业自有福利对员工来说就像一种额外的收获，能显著提升员工的满足感和幸福感。
树立企业形象	富有特点的企业自有福利更能吸引和留住员工，在同领域中的形象会更加鲜明和突出。
调控企业成本	企业可以根据自身的情况灵活调整自有福利，这样可以起到调控企业人工成本的作用。
传播企业文化	企业自有福利实际上就是企业文化的物质表现形式，能有效传播企业文化。

图 3-10 企业自有福利的激励作用

3.3.3　福利体系的建设

◆ 建设福利体系时应注意的要点

建设福利体系无论对于员工还是企业本身而言，都十分重要。企业在建设福利体系时，有四点是要加以明确的，具体如下图 3-11 所示。

企业提供哪些福利

各项福利所发挥的作用是什么

每项福利的设定依据什么标准

福利的对象是谁

图 3-11　建设福利体系要明确的四点内容

企业要明确所提供的福利项目，如交通补贴、节日福利等。

当确定了福利类型后，每项福利的作用也就清晰可见。比如，交通补贴能够帮助员工减轻交通费用支出，提高员工的工作积极性；节日福利能够让员工感受到公司的关怀，提高员工的工作满意度。

福利设定的标准可依据企业自身的经营状况来定，如果企业的经营状况良好，那么福利标准可以随之上调，如果企业的经营状况不佳，那么福利标准可以随之下调，但一些常规的福利应尽量保持不变。

企业常规福利的受众一般是全体员工，但部分福利则可仅面向部分员工，如企业管理人员。

◆ 建设福利体系的项目

明确了企业福利建设的要点，接下来就要确定福利体系的具体项目了。

一般而言，法定福利是固定的，不会因企业的不同而变化，所以企业要确定的主要是一些自有福利项目。下面通过表 3-1 来了解一些常见的企业福利项目。

表 3-1　企业常见的福利项目

类型	具体福利项目
法定福利	五险一金（后合并为四险一金）
	带薪节假日
补充福利	交通补贴
	餐饮补贴
	住房补贴
	高温补贴
	年终奖金
	教育培训
	补充保险
	超时加班费
	生日福利
	节日福利
	团体活动
	年度体检
	出国旅游

要注意，并不是设立越多的福利就越好，如果福利不能满足员工的实际需求，也只会形同虚设，起不到任何作用。所以，在设立福利项目时，要以满足员工的需求为目标。

◆ 建设福利体系时的总额控制

每个企业都应根据自身的经济效益状况来设定福利项目，控制好福利总额。当福利总额发生变化时，就要酌情对福利项目加以调整，即增加或者删减。具体可参照以下流程来调控福利总额。

步骤一：对可调整与不可调整的福利项目进行划分，同时就上一年福利总额的变化情况进行汇总。

步骤二：根据第一步的情况来确定是否对福利项目进行调整。

步骤三：制定福利项目调整方案，同时核算企业自有福利在整个薪酬中所占的比例。

步骤四：将调整方案上报领导审核。

需要注意的是，尽量不降低企业福利的标准，而且一些基本福利，如交通补贴、餐饮补贴等尽量保持不变。

案例分析

某设计公司的福利体系已经多年没有调整，由此也导致员工流失量较大，同时也招不到优秀的人才，使得整个公司人心涣散，缺乏良好的工作氛围。

小张作为企业人力资源部门中的一名 HR，提出重新设计公司福利。首先，他深入员工内部，了解员工的切实需求，然后分析公司中哪些福利项目可以调整，最后制定了与公司经营情况相符的福利方案。该福利方案不仅包含的福利项目众多，而且除法定福利外，还有众多符合公司情况和员工需求、有层次性、可供员工选择的特色福利，如节日福利、生日福利、健康福利、旅游福利等，并且福利总额也控制在合理的范围内，领导对此非常满意，并准予实施。

新的福利项目实施之后，非常受公司员工的欢迎，员工们的工作热情被重新激发了出来，凝聚力也增强不少。

由该案例可以看出福利调整的重要性，同时也能了解福利设计的一些重点和要点。

3.4 年终奖

年终奖是很多员工十分关心的事情，甚至影响着员工的去留，所以企业应对其加以重视，并进行合理的设计。合理设计年终奖能有效激发员工工作的积极性，提升员工的幸福感，也能使企业树立起良好的形象，进而招聘到和保留住优秀的员工。

3.4.1 什么是年终奖

每到年底都能看到对各个企业的年终奖的讨论，讨论声中夹杂着各种羡慕与"嫉妒"。那么，到底什么是年终奖呢？

年终奖是指企业根据一年来员工的工作业绩和企业的经济情况发放给员工上不封顶的报酬，通常在年度末发放，代表着对员工的肯定。

从经济学理论来讲，年终奖属于一种劳动报酬，但目前我国还没有对年终奖的法规，也就是说年终奖并不属于法定福利，所以企业有自行决定的自由。企业可以根据自身情况决定是否发放年终奖以及年终奖发放的标准、形式以及额度等。

💡运"酬"帷幄

年终奖的战略性目的和作用

年终奖的发放也是有战略性目的和作用的，具体体现在以下三个方面（图 3-12）。

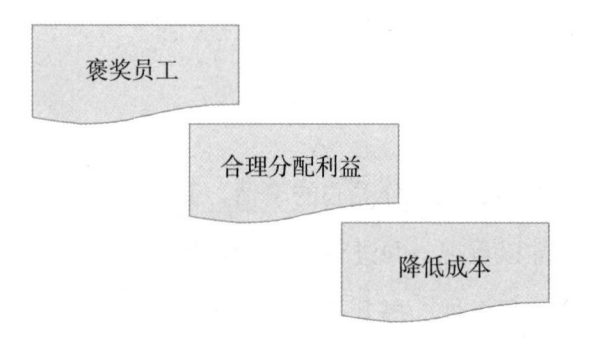

图 3-12　年终奖的战略性目的和作用

年终奖是对员工一年所作贡献的一种肯定，能够激励员工在新的一年的工作积极性。

发放年终奖可以满足企业内部相关的利益要求，实现利益合理分配，这对促进企业的持续发展十分重要。

因为年终奖是员工工资的一种额外补充，企业在降低基本工资之时，可以通过发放年终奖的方式加以补充，进而可以降低工资成本。

不可否认，年终奖增加了企业的成本，但这种人力资源投资是值得的，它可以有效提升企业的形象和员工的幸福感，还可以优化企业环境，增强企业凝聚力。

3.4.2　年终奖的几种常见形式

年终奖的形式并不止一种，而是有多种形式，下面是年终奖的一些常见形式图 3–13。

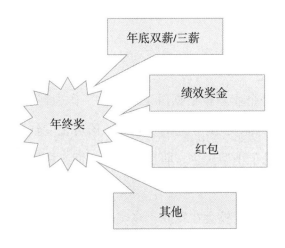

图 3–13　年终奖的几种常见形式

◆ 年底双薪 / 三薪

年底双薪 / 三薪，也就是年底多发一个月或两个月的工资，也就是常说的 13 薪和 14 薪。这是十分常见的一种年终奖发放形式，被大多数企业，尤其是外企所普遍使用。

只要是在职员工，不论工作绩效如何，每个员工都会享有。这种年终奖的发放方式简单直接，便于核算。

◆ 绩效奖金

如果说年底双薪 / 三薪是一种相对稳定的奖金，那么绩效奖金就是一种相对浮动的奖金。绩效奖金是企业根据员工个人的绩效结果以及企业效益，给员工发放奖金的一种形式，激励作用也十分显著。

以这种方式发放的奖金有着明显的差距，绩效高的员工的绩效奖金可能远高于绩效低的员工的绩效奖金。

◆ 红包

发红包就是企业老板根据员工的日常工作表现、对员工的印象、员工本身的资历和员工对企业的贡献等，给员工发红包以示奖励。这种发放方式多见于小型民企，而且具有保密性，具体金额一般仅限于老板和员工自己知道。

在一些企业，老板会在发放年终奖之外再发个红包，目的是留住一些员工或者对一些有突出贡献的人进行褒奖。

◆ 其他

除了上述方式，一些企业还会以奖励旅游、超目标利润分享、房贴、车贴等方式发放年终奖。

无论企业采用什么样的方式为员工发放年终奖，都应考虑员工的心理期望，同时确保自身利益，争取做到双赢。

如果选定一种评价方式，那么企业就应在年初时做好年终奖发放计划，制定好考评标准、考评方式、发放规则等各项制度。

3.4.3　年终奖的设计原则

每个企业所采用的年终奖发放形式可能不尽相同，而且即便采用同一种奖金方式，如绩效奖金，每一家企业的考核标准也不尽相同，所以年终奖的具体设计也各有差异。但相统一的是，年终奖的设计都要遵循一定的原则，这些原则基本不变，具体包含以下几个方面（图 3-14）。

图 3-14　年终奖设计的基本原则

◆ 以人为本

年终奖面向的是全体员工，发放的目的是激励和留住员工，所以企业在设计年终奖时要遵循以人为本的原则。具体来讲，年终奖的设计要充分发挥鼓励作用，如果年终奖起不到任何鼓励作用，那么也将失去它本身的意义。

◆ 公平公正

无论以什么方式发放年终奖，都要做到公平公正。首先，要做到每个员工都能获得年终奖。其次，要根据合理的考核标准、考核方法以及分配制度，为员工发放年终奖，保证公平公正性。

◆ 循序渐进

大部分员工都希望年终奖和自己的工作时间成正比，也就是随着工作年限的增加而增加。对此，为了激发员工的积极性，同时保障企业的可持续发展，在设计年终奖时应遵循循序渐进的原则，即年终奖每年都循序增长，具体增幅大小可根据企业实际情况而定。

◆ 方式多样化

发放年终奖时，奖励方式应多样化，具体可以做到物质奖励、精神奖励、知识奖励一体化，这样可以满足员工的不同需求，起到不错的激励作用。

物质奖励包括现金、公费旅游、带薪休假等；精神奖励包括评选优秀员工、优秀团体等；知识奖励包括提供进修、学习的机会等。

总之，多元化的奖励机制，可以有效激发员工工作的积极性，让员工获得满足感，最终实现发放年终奖的目的。

学以致用

年关将近，为了奖励辛苦了一年的员工们，某企业领导打算为每位员工发一笔年终奖，但不能确定以哪种方式发放，你有什么建议吗？

在新的一年，企业领导想要完善本企业的附加薪酬体系，即想要对企业的津贴、补贴、福利等进行优化设计，你认为该如何设计呢？

第 4 章

按劳分配，薪酬计算与考勤管理

按劳分配是薪酬管理的一个重要原则，在薪酬管理中，应以人为本、科学统筹，让不同岗位的员工都能做到能者多劳、多劳多得，进而调动和激发员工的工作积极性。

由于岗位不同、工作内容不同、工作性质不同，薪酬的计算和考勤管理的方式方法也不同，要因人、因岗、因工种而异。这样才能更加合理地规范薪酬管理体系，让不同的员工各司其职，高效率地完成具体的工作任务，以提高员工的劳动幸福感，也进一步为企业赋能。

4.1 计时工资计算

在现有的工资计算方法中，计时工资是一种普遍适用的工资计算方法。具体来说，计时工资主要是以员工的工作时长来计算工资，计时工资可以独立成为员工的薪酬计算方法，也可以与其他工资计算方法一起使用。

4.1.1 按时间单位计算工资

计时工资在计算时对于时间单位的确定比较灵活，小时、天、周、月等都是常见的工资计算单位（图 4-1）。

图 4-1 不同时间单位的计时工资计算

案例分析

　　莉莉和羽墨在同一年相继入职一家文化传媒公司担任文案编辑，两人每天从事文案的撰写、校对、修改和完善工作，同岗同酬，公司按月支付两人的薪酬。

　　但是，一段时间后，莉莉和羽墨之间开始出现工作矛盾：二人虽然工作性质相同，但是莉莉的文笔一般，主管总会时不时地将莉莉修改不到位的文案交给羽墨修改完善，这样，羽墨的工作量在无形中增加了不少，而莉莉则相对清闲。

　　很快，主管发现了问题并同人力资源部门进行了沟通，确定每月增设岗位能力工资200~500元，每月薪酬结算时根据当月员工工作量和工作质量灵活发放，这样既保证了莉莉和羽墨同岗同酬，又能保证羽墨在具体工作中多劳多得，稳定了员工关系和工作氛围，也调动了莉莉的工作积极性。

　　计时工资，从工资计算和发放的角度来说，方便薪酬管理。但是由于具体工作中有很多不确定因素，这样的工资计算方式有时会显得"简单粗暴"。

　　对于员工来说，计时工资计算方法能保证劳动者的薪资的稳定性；对于企业来说，计时工资计算方法适用范围广泛，任何企业、组织都可以采用这种工资计算方法。当然，计时工资计算方法也有不足，如同岗同酬时，在具体工作过程中，难免会出现有些员工工作积极性不高、有些员工的工作能力得不到重视的情况（图4-2）。

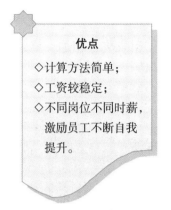

优点	缺点
◇计算方法简单； ◇工资较稳定； ◇不同岗位不同时薪，激励员工不断自我提升。	◇多劳者不一定多得； ◇容易忽视员工能力差异； ◇容易导致员工工作效率降低。

图 4-2 计时工资的优缺点

 ## 4.1.2 计时工资具体计算方法

以计时工资为月工资是一种常见的薪酬设计方法，在不考虑保险、所得税、公积金等扣除费用的情况下，员工月工资的具体计算方法如下图 4-3 所示。

应发月工资（计时）＝基本工资÷应出勤天数×实际出勤天数
＋其他岗位津贴和补助

图 4-3 月（计时）工资的计算公式

例如，羽墨月基本工资为 8000 元，8 月份应出勤 21 天，实际出勤 21 天，岗位能力奖金 500 元，全勤奖 200 元，餐补 15 元 / 日，车补 10 元 / 日，8 月份无加班情况。那么，在不考虑其他薪酬增项和减项的情况下，羽墨 8 月份的应发工资应为 9225 元，具体计算方法如下。

$$8000 \div 21 \times 21 + 500 + 200 + 15 \times 21 + 10 \times 21 = 9225（元）$$

和按月计算工资一样，按照小时、日、周等其他时间单位计算工资时，也是基本时间单位工资与其他福利或奖金相加，就是最终的应发工资。

4.1.3 时薪和加班工资计算方法

加班不值得提倡，但现实社会中，加班在很多企业中都是一种比较普遍的现象，员工主动配合企业通过加班的方式来完成相应的工作时，企业应支付员工加班工资，一般按时薪发放。

加班工资通常与当日的日薪相结合，二者放在一起核算当日员工应发放的工资。

时薪，就是按照天数和小时数来计算员工薪资，日薪与时薪结合的工资发放形式更多地适用于有加班的情况下，即加班工资按时薪法来计算（图4-4）。

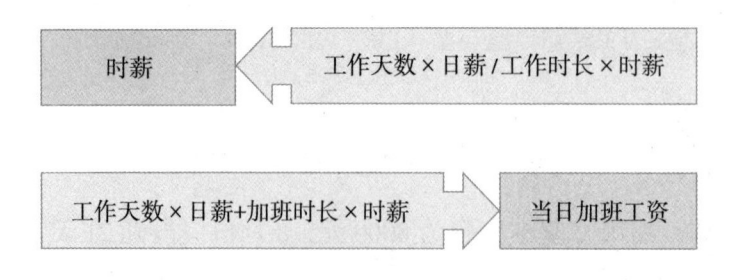

图4-4 时薪与加班工资计算

关于加班工资的详细计算标准与方法，在本章4.4节将会详细介绍，这里暂不介绍。

4.2　计件工资计算

4.2.1　按合格品件数计算工资

计件，就是计算数量，通过完成数量的多少来计算工资。企业与员工就单件工资做好约定，企业根据员工单位时间内（如一小时、一天、一周、一个月等）完成的合格产品的数量来核算应发工资。

计件工资计算方法适用于整个产品的完成过程由同一个员工完成的情况，如果同一件产品需要多道工序，不同的工序由不同的员工负责完成，则不适用于按照计件的方式计算工资。

计件工资具有"明码标价""多劳多得"等清晰明了的工资结算优势，员工完成的产品数量越多，可以拿到的工资就越多。但也可能会出现单纯为了追求产品数量而忽视产品质量的情况，计件工资结算要求企业关注产品质量，做好质检工作（图 4-5）。

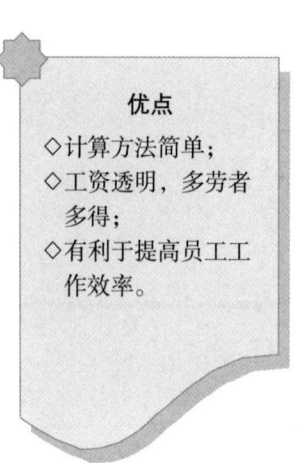

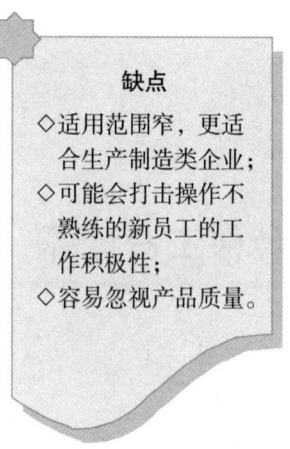

图 4-5　计件工资的优缺点

4.2.2　计件工资的具体计算方法

计件工资的具体工资计算方法比较简单，在不考虑其他薪酬增项和减项的情况下，根据劳动合同中约定的单件合格产品工资标准乘以合格产品件数即可（图 4-6）。

应发月工资（计件）＝单件工资标准 × 合格产品数量

图 4-6　月（计件）工资的计算公式

需要特别提醒的是，计件工资的计算要求为产品数量一定是"合格产品"数量，而并非"所有产品"数量。

还值得一提的是，产品不合格可能是由员工操作不当造成的，也可能是由原材料不合格、机器故障、生产数据错误等造成的。非员工自身原因造成的不合格产品，应计入"合格产品"数量并支付员工工资。

　　举例说明，王宇是某公司的车间生产工人，当天工作结束后盘点发现，当日生产产品数量为 200 件，其中经质检合格产品数量为 195 件，5 件不合格产品中有 1 件是由操作失误导致的（不计工资），4 件是因机器故障导致的（应计工资），每件合格产品应结工资为 1.5 元，那么王宇这一天的应得工资为 298.5 元，计算如下。

$$195 \times 1.5 + 4 \times 1.5 = 298.5 （元）$$

　　上述举例是王宇只生产一种产品的情况，在具体工作实践中，有时同一个人需要参与多个种类的产品生产，这种情况下的计件工资计算只需将不同种类的计件工资分别计算后再求和即可。

运"酬"帷幄

设计合理，团队合作也可计件结算工资

　　当前社会分工越来越精细，制造行业中，由同一家企业完全承担原材料制造、产品设计、产品生产、产品销售的情况已经非常少见，很多企业都积极与上游企业、下游企业保持密切合作。这种合作也存在于企业内部。

　　在很多企业内部，一个工人负责一条完整流水线的情况较少，更多的是多个员工同时负责一条流水线上的不同环节，彼此合作完成工作任务，这时可以将同一条流水线上的多个工人看作一个团队（小组），这个团队生产出来的合格产品，可以按计件工资的方式进行工资结算，团队成员平分团队工资。

　　为保证团队成员的工资均衡和多劳多得，可以在计算团队计件工

资的基础上，考虑其他工资加项，以保证团队成员之间分工明确、合作有序、各有所得。

4.2.3 阶梯计件的工资计算方法

4.2.2 内容中提到的计件工资属于直接计件的工资计算方法。在实际的生产劳动中，很多企业为了鼓励员工生产出高质量、数量多的产品，往往会将工资激励应用到计件薪酬计算中。那么，应该如何计算员工超额完成工作的工资呢？这时就需要采取阶梯计件的方法（图4-7）。

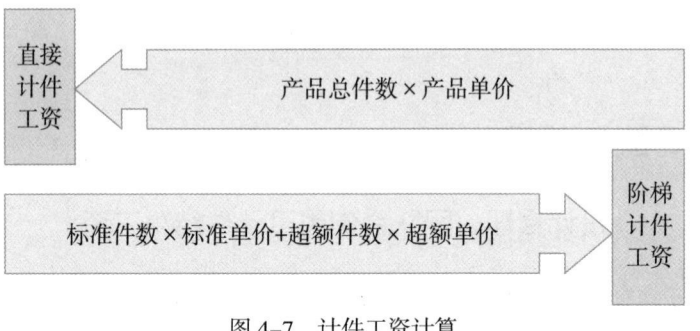

图 4-7　计件工资计算

阶梯计件的工资计算方法适用于计算员工在企业规定单位时间内完成标准数量的合格产品以外，员工额外完成的产品件数工资。一般超额产品件数单件工资标准高于企业规定必须完成的产品件数的单件工资标准。

具体来说，就是将生产产品的件数分成几个阶段，每个阶段按照递增的单价来计算薪酬。比如工厂以一定的件数为标准，员工生产超过标准件数之后的产品件数就归入另一阶段，即超额件数。标准件数和超额件数按不同的单价来计算。

4.3　假期工资计算

4.3.1　员工常见假期种类

企业应依法保障员工享有休假的权利，关于这一点，根据我国劳动法和公务员法制定的《职工带薪年休假条例》中有明确的说明。

在遵循国家法律法规的基础上，企业的薪酬管理应合法合规，关于员工假期的相关规定应合法合理。在此基础上，各企业可结合自身情况制定员工的休假相关规定。

企业应依法与员工签订劳动合同，员工应遵守企业的相关规章制度，因故需要请假的，应提前向企业说明情况，明确请假的日期和时间，获得批准后才可以休假。

员工依法享有多种假期（图 4-8）。

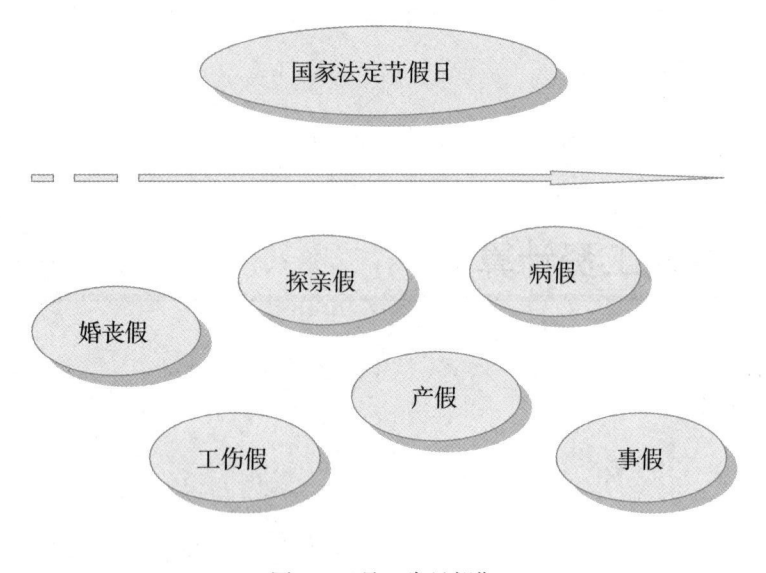

图 4-8　员工常见假期

4.3.2　事假工资计算

员工因为个人私事需要请假的，应向企业相关负责人提前说明情况，根据企业相关规定陈述请假缘由、时间。必要时签署请假条、提供材料（如病历、诊断证明等），明确请假的日期和时间，获得批准后可以休假。

关于员工事假的工资计算，不同的企业有不同的规定，薪酬管理部门可结合企业文化、企业相关管理章程来明确具体的工资计算标准，但前提是各项规定一定要合法，不能侵犯员工的合法权益。

事假不属于我国法定节假日，一般来说，企业不允许员工带薪休事假，大多数企业采取的做法是，员工请假期间不支付员工工资，也不会额外扣除员工工资。

当月工资结算中，在不考虑其他薪酬增项和减项的情况下，员工的应出勤天数的工资总额中减去员工请假天数的工资，则为员工当月的应发工资（图 4-9）。

应发月工资（含事假）＝基本工资 ÷ 应出勤天数
　　　　　　　　　× （应出勤天数 – 请假天数）

图 4-9　月（含事假）工资的计算公式

举例来说，美洋是一家公司的网站维护人员，月基本工资为 8600元，上个月应出勤 22 天，请事假 2 天，实际出勤 20 天，在不考虑其他薪酬增项和减项的前提下，美洋上个月的应发基本工资为 7818.182元，计算如下。

$$8600 \div 22 \times (22-2) \approx 7818.182（元）$$

4.3.3　病假工资计算

员工因病患或伤残而不能持续向企业提供劳动，需要暂时休养，由此向公司申请的假期就属于病假。

《企业职工患病或非因工负伤医疗期规定》（劳部发〔1994〕479 号）等相关规定中指出，企业应给予员工一定的医疗期，具体时长有两个参考依据（图 4-10、图 4-11）：员工实际工作年限、员工在本单位工作年限。

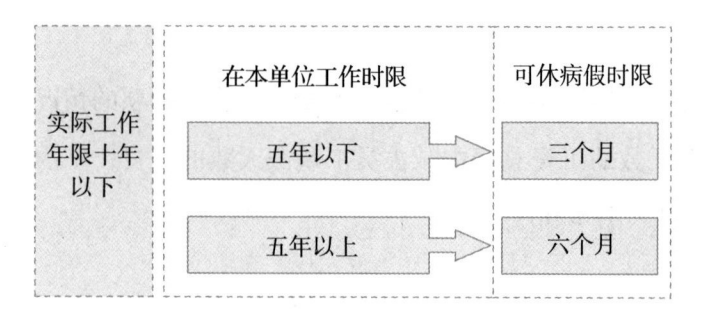

图 4-10 员工医疗期（病假）时限参考（工作年限十年以下）

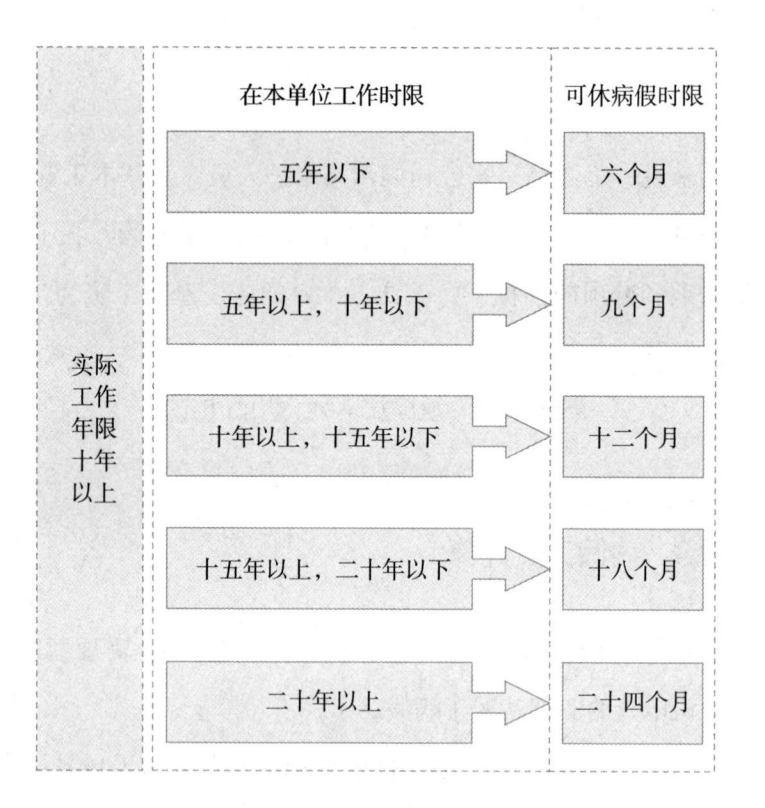

图 4-11 员工医疗期（病假）时限参考（工作年限十年以上）

《关于职工全年月平均工作时间和工资折算问题的通知》（劳动部发布）中指出，员工全年月平均工作天数和工作时间分别调整为 21.75 天和 174 小时，员工日平均工资可据此折算（图 4-12）。

> 应发月工资（含病假）= 基本工资÷应出勤天数
> ×（应出勤天数－请假天数）
> +病假期间工资

图 4-12 月（含病假）工资的计算公式

原则上，企业应给予员工不低于当地最低工资的 80%。

例如，王某，男，在北京工作，2021 年 3 月初因病就医，听从医生的休养建议后，向公司请病假 5 天，公司批准王某休假 5 天。王某与公司签订的劳动合同中约定王某的基本工资为 6800 元，病假期间公司支付正常日工资的 80%。3 月份，王某应出勤天数为 23 天（不享受 3 月 8 日妇女节休假权利），王某实际出勤天数为 18 天。在不考虑其他薪酬增项和减项的情况下，公司应支付王某 3 月份工资 6504.348 元，计算如下。

$$6800÷23×(23-5)+6800÷23×80\%×5≈6504.348（元）$$

再如，张某，男，在北京工作，2021 年 11 月份因身体不适向公司申请病假 2 天，公司批准张某休假 2 天。张某与公司签订的劳动合同中约定张某的基本工资为 2500 元，病假期间工资按当地月最低工资标准的 80% 支付。11 月份张某应出勤天数为 22 天，实际出勤天数为 20 天。2021 年 6 月，北京市人力社保局调整月最低工资标准为 2320 元，从 8 月 1 日起正式实施。因此，公司按北京当地月最低标准的 2320 元的 80% 计算张某病假期间的工资，在不考虑其他薪酬增项和减项的情况下，公司应支付张某 11 月份工资 2441.455 元，计算如下。

$$2500÷22×(22-2)+2320÷22×80\%×2≈2441.455（元）$$

4.3.4　年假工资计算

年假，也叫年休假，是员工一年一次的假期，一般不跨年休。

《职工带薪年休假条例》中明确指出员工有享受年休假的权利，企业应保证员工享有该项权利。

具体来说，企业可根据本单位的具体生产、工作情况，并充分考虑员工本人的意愿，合理安排员工的年休假。

员工在休年假期间，企业应正常支付员工的工资，确保员工享受带薪年假。

运"酬"帷幄 ━━━━━━━━━━━━━━━━━━━━ ▶▶

员工是否享有年假，应心中有数

在制定合法合理的薪酬体系前，应正确认识年假，确保员工休年假的权利。同时，也要明确知晓员工在什么样的情况下不享受年假。

享有休年假的情况：

（1）国家法定节假日、休息日，员工正常休假，不计入年假。

（2）员工的年假天数可以一次性休完，也可以分开休，企业应充分尊重员工意愿。

（3）企业确实因生产、工作需要无法安排员工休假，员工本人也同意不休年假时，企业应按员工正常工资的300%的标准支付员工工资报酬。

不享有休年假的情况（图4-13）：

（1）员工其他假期实休天数多于年休假天数。

（2）员工事假超过 20 天，且企业正常支付员工工资。

（3）员工休病假累计达到一定时长。

1年＜工作时限＜10年	休病假＞2个月
10年＜工作时限＜20年	休病假＞3个月
20年＜工作时限	休病假＞4个月

图 4-13　员工不享有休年假权利的工作年限与累计病假时长

4.4 加班工资计算

企业不得强迫员工加班，员工按照企业生产和工作需要延长工作时间付出劳动的，企业应支付员工加班工资。

一般来说，在不考虑其他薪酬增项和减项的情况下，加班工资的计算具体可以参考企业与员工签订的劳动合同的月（周、天）基本工资标准进行计算（图4-14）。

应发月工资（含加班）＝基本工资÷应出勤天数×实际出勤天数
　　　　　　　　　　＋基本工资÷应出勤天数÷8×加班时数

图4-14 月（含加班）工资的计算公式

《中华人民共和国劳动法》对企业支付劳动者加班费的情况有具体的规定。

首先，企业应在国家法律法规规定的节假日，如元旦、春节、劳

115

动节、中秋节、国庆节等，给予员工休假的权利。

其次，企业根据生产、工作需要，确有在标准工作时间以外安排员工延长工作时间、继续劳动的情况下，应该向员工支付加班费（图 4-15）。

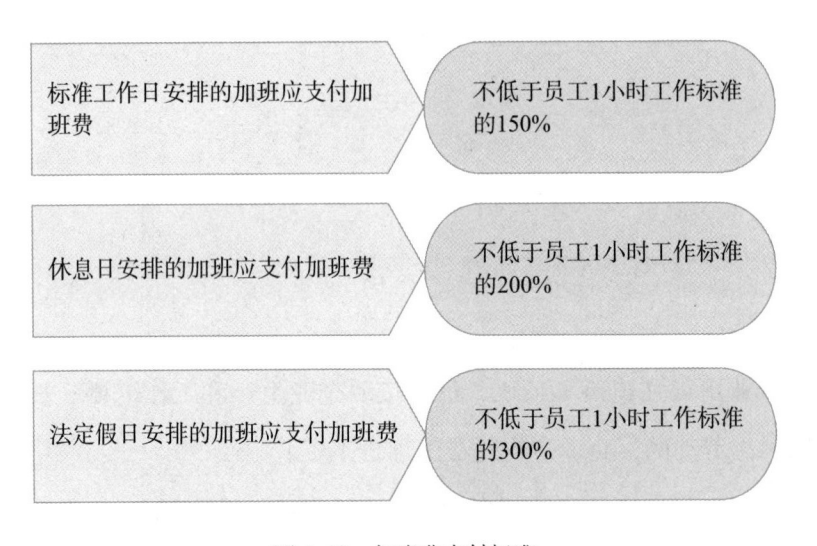

标准工作日安排的加班应支付加班费	不低于员工1小时工作标准的150%
休息日安排的加班应支付加班费	不低于员工1小时工作标准的200%
法定假日安排的加班应支付加班费	不低于员工1小时工作标准的300%

图 4-15　加班费支付标准

在具体的加班工资结算中，一些企业会通过安排补休的方式少支付员工加班费，但这种调休方式并不适用所有加班情况。

不提倡企业强制员工加班或进行加班调休，应充分尊重员工的加班和调休意愿（图 4-16）。

例如，吴林是一家软件公司的开发人员，因公司新产品需要在年底前上市，在公司的统筹安排下，12 月份中有 12 个工作日每天加班 2 小时，另在 12 月份最后一周的周六（休息日）加班 1 天。吴林的月基本工资为 15000 元，每天工作 8 小时，12 月份应出勤 22 天，实际出勤 22 天，工作日共计加班 24 小时（12×2），周末加班 1 天。在不

考虑其他薪酬增项和减项的情况下，公司应支付吴林 12 月份工资为
18409.091 元，计算如下。

15000 ÷ 22 × 22+15000 ÷ 22 ÷ 8 × （12 × 2）× 150% ＋ 15000 ÷ 22 ×
200%≈19431.818（元）

图 4-16　加班费能否安排补休的情况

4.5　保险与所得税的计算

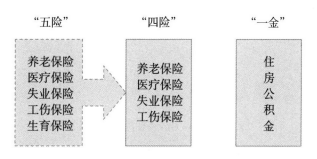

4.5.1　保险的计算

◆ 在职员工保险的种类

五险一金是比较常见的关于在职员工的保险的提法，其中"五险"是指养老、医疗、失业、工伤、生育共五种保险，"一金"是指住房公积金。

随着医疗保险与生育保险的合并，"五险一金"变为"四险一金"（图 4–17）。

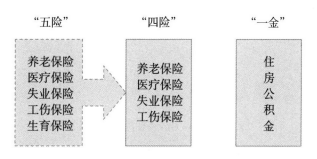

图 4–17　"四险一金"的具体内容

◆ 养老保险缴费额计算

养老保险可以分为四个层次（图4-18），这四个层次共同打造了员工未来步入老年后的生活保障体系。

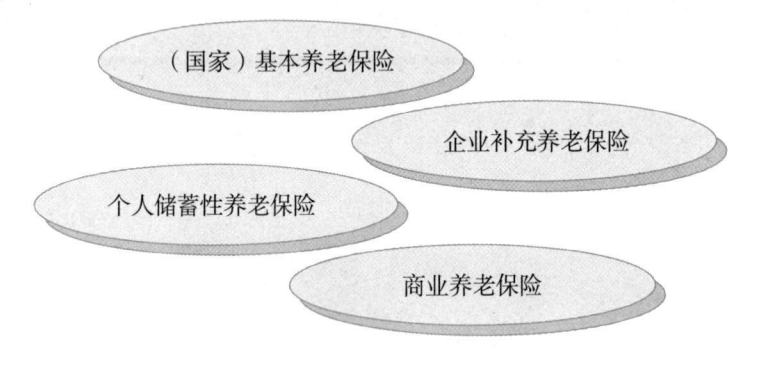

（国家）基本养老保险

企业补充养老保险

个人储蓄性养老保险

商业养老保险

图 4-18　养老保险的四个层次

国家设立养老保险，企业、员工个人缴纳养老保险费用，有助于为员工未来的老年生活提供基本生活保障，并有利于保证劳动力再生产、维护社会稳定、促进经济发展。

员工养老保险由员工个人和企业共同缴纳，企业应依法按既定比例为员工（包括试用期员工、正式员工）缴纳养老保险。以北京为例，员工养老保险按照每月缴费，其中，企业按总基数（根据上年度员工平均工资计算）的 16% 缴纳，员工按照本人工资的 8% 缴纳（图4-19）。

员工应缴月养老保险总额 =（企业）缴纳总基数 ×16%
+（员工）基本工资 ×8%

图 4-19　员工应缴月养老保险总额的计算公式

员工申领养老保险应满足两个基本条件：达到法定退休年龄、累计缴纳养老保险费满 15 年。劳动保障行政部门审核批准后，次月即可领取到养老金。

◆ 医疗保险缴费额计算

医疗保险是为补偿员工因疾病风险造成的经济损失而设立的保险，2019 年 3 月 25 日，《国务院办公厅关于全面推进生育保险和职工基本医疗保险合并实施的意见》发布，原员工"五险一金"变更为"四险一金"。

同养老保险一样，医疗保险也是由企业与员工个人共同缴纳，缴纳以月为单位，每个月缴纳一次（图 4–20）。

员工应缴月医疗保险总额 ＝（企业）职工工资总额的约6%
＋（员工）工资收入的2%

图 4–20　员工应缴月医疗保险总额的计算公式

随着社会的经济发展、企业的生产发展，企业和员工缴费率可在符合法律法规基础上做相应调整，以更好地维护员工的合法权益。

员工到医保定点单位就医，部分医药费可通过医保报销，医疗保险缴够国家规定年限，可享受退休后的医保报销。

我国各地的医保报销比例不同，具体可以参考当地当年的相关政策来了解具体报销比例。

◆ 失业保险缴费额计算

失业保险是一种普遍性、强制性、互济性的保险制度，关于企业员工的失业保险缴纳，可参考《失业保险条例》（国务院令第258号）的具体规定（图4-21）。

> 员工应缴月失业保险总额（农民合同制工人）=
> （企业）本单位工资总额的1%～1.5%＋0（员工不缴纳）

> 员工应缴月失业保险总额（城镇职工）=
> （企业）本单位工资总额的1%～1.5%＋（员工）工资收入的0.5%

图4-21　员工应缴月失业保险总额的计算公式

◆ 工伤保险缴费额计算

对企业来说，员工有下列情形之一的应认定为工伤或视同工伤：

（1）工作时间或工作场所内，因工受伤。

（2）工作时间或工作场所内，因工作准备或收尾而受到伤害。

（3）工作时间或工作场所内，因履行工作职责而受到伤害。

（4）工作时间或工作场所内，突发疾病死亡或48小时抢救无效死亡。

（5）患职业病。

（6）因工外出期间，因工受伤或下落不明。

（7）上下班途中，受到非本人主要责任的意外事故伤害。

（8）在抢险救灾等维护国家利益、公共利益的活动中受到伤害。

（9）服军役期间因战、因公负伤致残，到企业后旧伤复发。

根据《工伤保险条例》中相关规定，以北京为例，员工工伤保险费缴纳计算公式如下图4-22所示。

> 员工应缴月工伤保险总额 =（企业）本单位工资总额 × 单位缴费费率之积
> ＋ 0（员工不缴纳）

图 4-22　员工应缴月工伤保险总额的计算公式

4.5.2　所得税的计算

员工的个人月基本工资超过个人所得税起征点（又称个人所得税费用扣除标准、个人所得税免征额）的，应依法缴纳个人所得税。

当前，我国劳动者的个税免征额为 5000 元，该修订标准于 2018 年 10 月 1 日起正式实施。

计算员工个人每月扣除所得税后的应发工资，应明确与个人所得税有关的几个影响因素（图 4-23），计算个人应缴纳所得税的使用税率（图 4-24）、税额（图 4-25），在此基础上，用月所得扣除应缴纳税额就能进一步计算出员工税后所得。

图 4-23　个人所得税计算重点影响因素

全年应纳税所得额≤36000元	3%
36000元＜全年应纳税所得额≤144000元	10%
144000元＜全年应纳税所得额≤300000元	20%
300000元＜全年应纳税所得额≤420000	25%
420000元＜全年应纳税所得额≤660000元	30%
660000元＜全年应纳税所得额≤960000元	35%
全年应纳税所得额＞960000元的部分	45%

图 4-24　个人所得税税率（综合所得适用）

应纳税所得额（月）=0
适用于月收入低于5000的情况

应纳税所得额（月）= 月收入－5000元（免征额）－专项扣除（三险一金等）
　　　　　　　　　－专项附加扣除－依法确定的其他扣除

图 4-25　应纳税所得额（月）计算公式

例如，刘宇，32 岁，在北京工作，是家里的独生子女，月收入为 10000 元，"三险一金"专项扣除为 2000 元，父母的年龄均超过 60 岁（可享有赡养老人的 2000 元扣除），未婚，无子女（不享有子女教育的 1000 元扣除），每月房租 4000 元（享有住房租金的 1200 元扣除），综上情况，刘宇的个税计算如下。

　　刘宇应缴个税（月）＝（10000–5000–2000–2000–1200）×3%

　　刘宇应缴纳个税小于 0 元，因此，可不缴纳个税。

4.6　考勤管理全流程

考勤管理是薪酬管理的重要影响因素和组成部分。全面的、规范的考勤管理能让薪酬管理更加科学、系统。由此可见考勤管理的必要性与重要性。

4.6.1　考勤管理的内容

企业员工考勤管理涉及内容广泛，所有与员工工作时间相关的出勤情况都应该被纳入员工考勤的范围中来，以便于企业能详细了解员工在规定的标准工作时间内的时间统筹，更合理地为员工安排不同的工作任务。

此外，做好考勤管理对于企业规范员工劳动纪律、建设企业文化也有重要的作用。

考勤管理的具体内容如下图 4-26 所示。

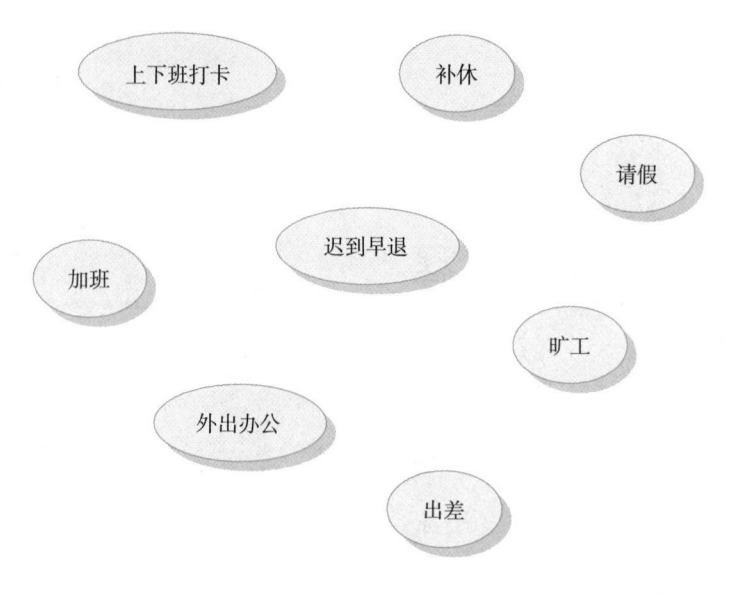

图 4-26　考勤管理的具体内容

4.6.2　考勤管理的具体流程

◆ 明确考勤管理相关规定

科学合理的考勤管理规定有助于企业科学管理、有助于员工有具体规定可遵循进而规范自己的出勤行为。

人力资源部门应根据考勤管理的具体内容制定相关考勤规定，如打卡规定、加班补休规定、请假规定等。

企业的考勤管理制度应合法、合情、合理，不得强迫员工加班、不得恶意延长员工工作时间、不得变相要求员工加班而不支付加班费用或恶意克扣工资；员工应遵守企业合法合理的规章制度，服从领导和上级部门的工作安排。

企业可根据本单位具体情况制定相关规定与内容，这里仅以打卡、请假为例，对企业考勤管理规定重要条款进行列举阐释。

关于企业打卡的相关规定：

（1）员工上班、下班均应打卡。

（2）员工上下班打卡时间应分别在 8:00 之前，17:00 之后，12:00～13:00 为午休时间，执行 8 小时工作制度。

（3）员工在 8:00 之后或 17:00 之前打卡的情况，视为迟到或早退，未按规定时间打卡的，每次罚款 20 元。

（4）员工不得让他人代本人打卡，不得替他人打卡，一经发现，罚款 50 元。

（5）员工因故未按时打卡，应及时说明情况（表 4-1）并交由人力资源部门审批，未说明情况的按缺勤记录当日出勤情况。

（6）考勤打卡设备损坏时，启动手动签字打卡，请全体员工配合人力资源部门进行登记、签字。

表 4-1　企业出勤漏打卡情况登记示例

打卡异常登记			
姓名：		日期：	
所属部门		漏打卡	□上班　□下班
漏打卡原因：			
直属领导签字		部门领导签字	
人力资源部门审批意见：□正常出勤　　□缺勤			

关于企业请假的相关规定：

（1）员工因故请假，应提前告知直属领导和部门领导，获得批准后方可休假。

（2）请假应提前申请，如有特殊情况，事后应补请假条（表4-2）。

（3）事前无任何提前请假的申请短信、通信工具信息，且未出勤的，视为旷工，扣除当日工资。

表4-2　请假条示例

请假条

姓名		所属部门	
请假事由			
请假时间			
直属领导意见	年　月　日		
部门领导意见	年　月　日		
总经理意见	年　月　日		

各企业人力资源部门可以结合本企业的实际生产、工资情况制定考勤管理制度，前提是应合法合规。

◆ 考勤记录

对员工当月的考勤情况进行记录，及时检测考勤打卡设备，确认员工考勤如实、准确地被系统录入保存。为确保考勤不漏记、不误记，可采用打卡机打卡，同时指定专人负责在上班后、下班前巡视并登记员工出勤情况。

 案例分析

W 公司在月底统计员工考勤记录时发现，本月 6 日一整天的时间内，指纹打卡设备无任何考勤数据。经检测维修发现，打卡机运行正常。随后进一步核查发现，在 5 日晚间，物业接到通知来公司进行门厅照明设备维修时，打卡机的电源误被切断且未及时恢复通电，直到 7 日早被清洁工人发现后才恢复通电。

由于 W 公司一直依靠指纹打卡机打卡收集员工出勤数据，未进行人工复核，且公司业务复杂，人员数量多，外出流动性大，故当日各员工出勤情况调查起来十分复杂，花费了不少时间。为避免类似情况再次发生，人力资源部门协同其他部门商议后决定实行打卡机、人工复核双重出勤记录。具体操作方法为：每日上下班时，由员工本人打卡，上班后 10 分钟及下班前 10 分钟，人力资源部门会派专人在公司走访、巡视并记录员工出勤情况。

这一措施的实行很快发挥了成效，此后，公司打卡机出现过两次故障，但并未影响员工当日的考勤记录。

◆ 考勤核算

根据员工当月的考勤情况，统计、汇总员工考勤数据，并据此核算员工考勤薪酬。

员工考勤核算可参考表4-3所示内容。

表4-3　张三2021年11月份考勤表

姓名	张三	所属部门	技术部
应出勤天数	22	实际出勤天数	21
事假	—	加班	—
病假	—	调休	—
产假	—	迟到	—
婚丧假	—	早退	—
工伤假	—	旷工	—
探亲假	—	公休	正常
育儿假	1	全勤	否

◆ 考勤薪酬发放

月底最后一天对本月员工的考勤情况进行统计汇总，并交各部门负责人及员工签字确认，或邮件回复确认。如有异常及时查明具体情况并找员工确认。

考勤工资发放往往同员工月工资一同发放，如在发放薪酬时出现错误，应及时收回或补发，如不能及时清算的应向员工说明情况并在次月及时清算。

学以致用

张女士为 H 公司的正式员工，基于本月 3 日早晨感到身体不适，于是申请在家休息 1 天并获得批准休假，次日恢复上班。两天后，张女士在公司库房整理产品时从爬梯上摔下扭伤脚腕，后及时送医治疗，所幸并无大碍。公司允许张女士在家休养一周，待身体康复后再考虑恢复正常上班。

张女士第一次的休假应视为事假还是病假？第二次休假应视为病假还是工伤假？应该如何为张女士结算当月工资呢？

第 5 章

以人为本，薪酬激励管理

激励薪酬可有效激发员工工作的积极性，从而提高员工的工作效率，一方面可以为企业创造更多的价值，促进企业的发展；另一方面也可以激发员工的个人工作能力，让员工实现自我价值的提升，从工作中获得更多的成就感。

5.1 光明正大地谈绩效

当领导针对员工的工作进行绩效评价后，还需要针对考核评价与员工进行面谈。通过面谈不仅可以使领导了解员工的内心想法，帮助员工解决目前面临的问题从而提高绩效，还能令员工增强士气、对工作充满热情（图 5-1）。

图 5-1 领导和员工之间可以光明正大地谈绩效

在与员工谈绩效之前，需要先梳理谈绩效的过程中可能面临的问题，最好提前规划一个流程，也可以直接参考以下流程（图5-2）。

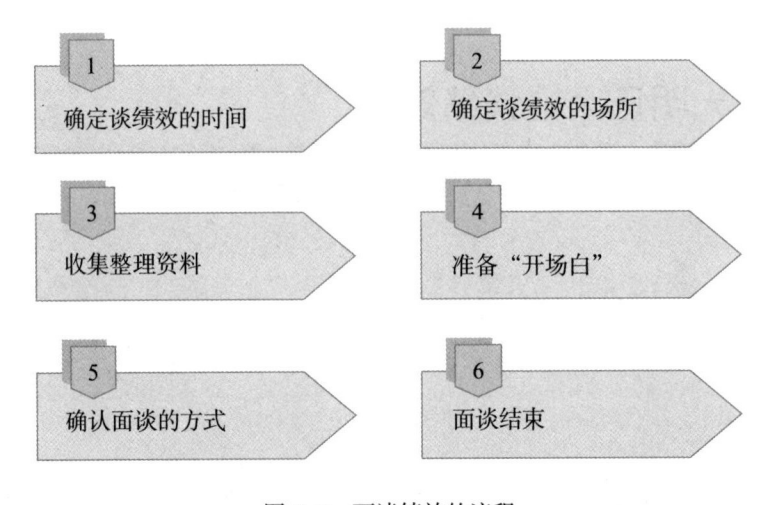

图5-2　面谈绩效的流程

（1）确定谈绩效的时间。面谈时间最好与员工商量确定，选择适合大家的恰当时间。

（2）确定谈绩效的场所。与员工谈绩效时最好选择安静、舒适、适宜交流的场所，可以选择办公室或者会客厅。

（3）收集整理资料。将判定绩效时使用的资料进行集中打印整理，以备面谈时使用。

（4）准备"开场白"。好的开始是成功的一半，面对可能带有情绪的员工，好的开场白可以将员工的积极情绪调动起来，形成和谐向上的面谈气氛。

（5）确认面谈的方式。想要成功地谈好绩效，有效的方式必不可少。与员工面谈时，可以参考以下几种方式（图5-3）。

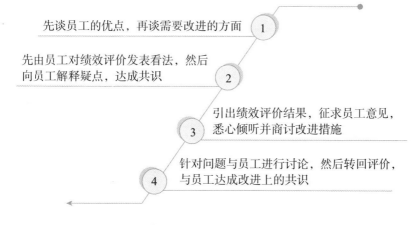

图 5-3　面谈的方式

实际面谈时，须开诚布公，将得出绩效评价所使用的资料、信息与员工一起分享，与员工共同分析产生这种评价的原因。同时要让员工知道，绩效只是对过去一段时间的工作评价，是暂时的，员工仍可以通过之后的努力改变未来的绩效。

（6）面谈结束。当与员工达成共识之后，就可以准备给面谈画上句号了。在面谈结束之前，向员工再次确认与员工达成共识的改进计划和措施，最好制订成具体的书面计划，HR 和员工各留一份，以此为依据，关注员工以后的工作完成情况。

运"酬"帷幄

有效沟通，增进感情

与员工之间进行有效沟通可以很好地联络感情。沟通讲究"天时地利人和"。通常情况下，人在休息时处于身心放松的状态，因此沟通时尽量选择休息时间，避开工作时间，企业组织的聚餐、下午茶等就是很好的沟通时机。

除了合适的时间和地点，有时还要注意员工的工作状态和精神状态。当员工工作遇到困难，情绪处于低潮、陷于崩溃时，要及时开导、宽慰他，可以将自己曾经处于低谷时的经历和感受同他分享，并适当给予员工帮助和激励。

针对员工过去的成就，可以适时与同事分享，适时适度地表扬也是有效的激励策略。

5.2　销售激励

　　销售激励主要是指针对销售人员的激励方法。销售人员为企业销售产品、引入客户、促进变现，是促进公司发展的核心人员。销售人员的业绩对公司的生存与发展有着十分重要的影响，所以对销售人员的薪酬激励设计是薪酬管理工作的重要内容之一（图5-4）。

图 5-4　企业应注重销售人员的薪酬激励设计

5.2.1 销售激励设计考虑因素

企业在设计销售激励体系时需考虑以下几个方面：奖金绝对量、奖金相对量、内部关系和外部关系。

在设计奖金绝对量时，不仅要考虑用于进行销售激励的奖金总量，还要考虑个体奖金的金额。例如薪酬设计者需考虑奖金的固浮比是多少才能激发销售人员的斗志，如果奖金占的比例太低可能无法达到预期效果，一般认为，销售人员的奖金占比设置在30%～60%比较合适（翁涛，2019）。

奖金相对量是指在不同层级、不同职位之间销售激励所占的比例不同。例如，与后勤人员相比，销售人员的薪酬结构中奖金占比更高一些，同处销售岗位的员工，上级领导的薪酬结构中奖金占比更高一些。

内部关系和外部关系是指在设计销售激励体系时要注意内部公平性和外部竞争性。即在企业内部销售激励要体现出公平性，不同岗位不同层级的员工其薪酬要与其创造的价值成正比；在企业外部薪酬需要具有竞争力，与市场薪酬水平持平或高于市场薪酬水平，这样才能留住员工，稳定团队。

5.2.2 销售提成设置方法

针对销售人员通常采用销售提成作为主要激励措施，而销售提成的比例设置通常有以下三种方法（图5–5）。

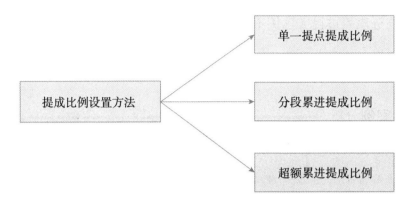

图 5-5　销售人员提成比例设置方法

◆ 单一提点提成比例

单一提点提成比例是指无论销售金额多少，都采用单一的提成比例核算提成。例如，提成比例为 6%，则无论销售金额为多少，提成金额 = 销售金额 × 6%。

◆ 分段累进提成比例

分段累进提成比例是指随着销售金额的增加，提成比例也相应提高，采用分段累进的提成比例，提点应用的对象是销售金额的整体。例如，某企业设置销售金额小于 5 万时，提成比例为 4%，销售金额大于等于 5 万时，提成比例为 5%，如某员工的销售金额为 6 万，则提成金额 = 6 × 5% = 0.3（万）。

◆ 超额累进提成比例

超额累进提成比例是指随着销售金额的增加，提成比例也相应提高。与分段累进提成比例不同的是，采用超额累进提成比例，提点应用的对象不是销售金额的整体，而是超额增加的部分。

案例分析

某企业采用超额累进提成比例机制，其提成设置为：业绩≤2万，提成比例为4%；2万＜业绩≤4万，提成比例为7%；4万＜业绩≤6万，提成比例为9%；6万＜业绩≤8万，提成比例为11%；8万＜业绩≤10万，提成比例为13%；业绩＞10万，提成比例为15%（封顶）。某员工某月的销售额为13万，则其提成金额如下。

提成金额＝2×4%+2×7%+2×9%+2×11%+2×13%+3×15%＝1.33（万）

为了保障公司的经营安全，可以设置最高封顶提成比例，同时采取分批次发放奖金的措施，比如对超过10万的业绩部分，可以先发放40%的提成，其余的次月发放。

5.2.3 常用销售激励设计

销售激励体系通常由基本工资与激励奖金组成，其中基本工资属于固定工资，激励奖金属于浮动工资。而销售激励设计的重点和难点在于如何设置固定工资和浮动工资的比例（固浮比）以及激励奖金如何发放。竞争对手的流行做法、公司的发展阶段、公司的产品和客户特点等都会对销售激励的薪酬结构产生影响，在设计销售激励时需全面进行考虑。

接下来介绍一种销售激励常用的设计机制：业务员—业务经理—

业务总监联动通用提成设计机制。

首先计算企业可以支付员工的最高提成比例（计算时可参考市场同行业的提成比例以及本企业的运营成本），如给员工的最高提成比例为 20%，则业务员的单一提成比例为 12%，剩余 6% 给业务经理、2% 给业务总监；业务经理的单一提成比例为 15%，另外业务经理还可获得直属团队 6% 的提成和年度所带团队的利润分红；业务总监的单一提成比例为 20%，另外还可获得团队整体 2% 提成以及年度公司总体分红，不同岗位的薪酬构成如下图 5-6 所示。

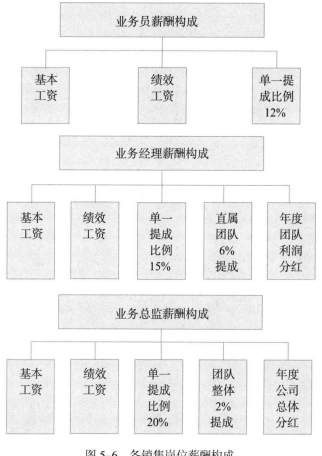

图 5-6　各销售岗位薪酬构成

145

5.3　异地派遣激励

对于跨国公司或者在不同城市设有分公司的企业，为了弥补在某个国家或城市的分公司的人才不足的情况，一些企业的员工可能需要被派遣到不同国家或城市办公。为了补偿因为异地派遣而给员工带来的不便，企业通常会发放一些津贴。因此这类企业在设计薪酬时，需要额外考虑员工异地派遣的激励措施。

5.3.1　异地派遣的类型

根据员工被派遣到异地的时间长短以及业务目的，可将异地派遣分为以下几种类型（图 5-7）。

（1）短期差旅：一般异地派遣时间不超过 3 个月，业务目的主要为公司会议、项目需要等。

（2）管理培训生 / 短期培训：异地派遣时间通常在三个月到两年

之间，业务目的一般为员工培训、员工发展等。

（3）短期国内（国际）外派：异地派遣时间一般在三个月到两年之间，业务目的通常为知识、经验传递、专家支持等。

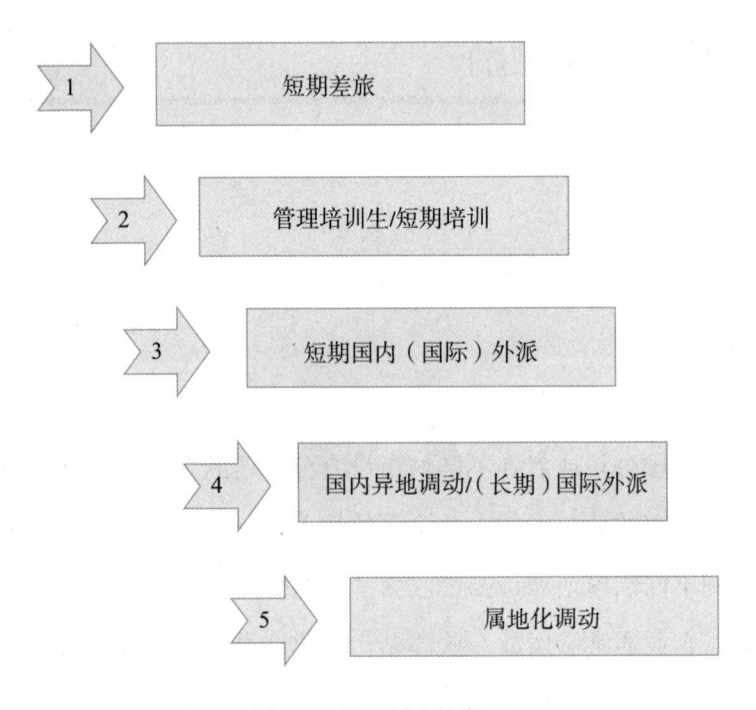

图 5-7　异地派遣的类型

（4）国内异地调动 /（长期）国际外派：异地派遣时间一般在两年到五年之间，业务目的通常为支持业务发展或促进人员发展。

（5）属地化调动：如果员工的异地调动时间过长，超过了一定年限（如五年或者七年），员工打算在另外的国家或城市长期居住，则企业对员工做出属地化处理，将员工的工作所属地直接转为所在国家或者城市，用工形式也转为当地的用工形式，员工的薪酬待遇也相应更改。

5.3.2 不同异地派遣类型的激励方式

根据员工异地派遣的时间长短不同，薪酬福利设计也各不相同。针对短期差旅，基本月薪、奖金和福利等可以保持不变，额外增加差旅补贴；针对管理培训生 / 短期培训人员，维持基本月薪、奖金和福利等不变的同时，增加培训补贴；针对短期国内（国际）外派人员，保持基本月薪、奖金和福利等不变的同时，增加外派补贴；针对国内异地调动 /（长期）国际外派人员，由于其外派时间较长，因此在增加外派补贴和外派福利的同时可以根据实际情况调整其基本月薪和奖金；针对属地化调动人员，根据实际情况调整其薪酬结构。

💡 运"酬"帷幄 ════════════════════ ▶▶

国际派遣

在异地派遣的各种类型中，国际派遣的情况最为复杂，在设计异地派遣人员的薪酬时，需注意以下几点。

（1）各个国家之间没有统一的税制管理。

（2）各个国家薪酬结构、福利不同。

（3）各个国家之间存在文化差异。

（4）各个国家针对外国人用工的签证管理不同。

针对国际派遣员工可能遇到的种种问题和困难，薪酬管理人员在进行薪酬设计时不仅要考虑员工异地派遣时的补贴和福利，同时还要考虑员工将来回国后的薪酬问题。

通常情况下，针对国际派遣的员工薪酬可以采用如下设计。

首先，保持基本月薪不变。一般员工外派后将来还会回国，所以保持基本月薪不变是最方便的管理方式。

其次，增加补贴和福利。每个国家的工资水平和生活水平差异巨大，如何弥补这种不足呢？薪酬管理人员可以考虑使用外派补贴和外派福利来解决这个问题。

最后，各个国家的税制管理不同，企业需保证员工在国外和在国内税后的收入保持不变，为此，企业可能需要额外支付员工一部分费用用于填补由于税务费用产生的差额。

5.4　年薪激励

年薪激励是企业以年度为单位支付员工薪酬的一种激励方式，它的高低直接取决于企业业绩和个人绩效。采用这种方式可以将员工的个人利益与企业的利益捆绑起来，使人才与企业拥有共同的发展目标，对人才具有长期的激励和约束作用。年薪激励适用于对企业具有重要影响的管理人员。

5.4.1　年薪激励的构成

年薪激励，以年度为单位支付薪酬，同时，为了保障员工的正常生活，通常会将年薪激励薪酬分为三部分（图 5-8）。

其中，固定收入 A 每月定期支付，这部分薪酬用于保障员工的基本日常生活需求；短期激励 B 是浮动薪酬，一般用于奖励员工短期时间内的贡献和业绩，通常以季度或年度为单位支付；长期激励 C 将员工利益与企业利益进行捆绑，这部分薪酬通常需要三到五年兑现，因此可以有效鼓励员工进行决策时考虑长远利益，避免出现短视行为。

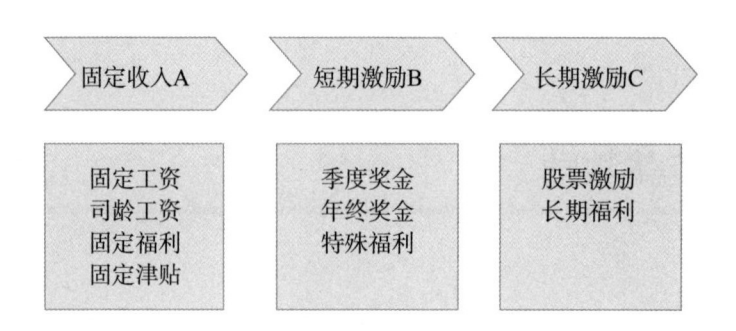

图 5-8　年薪激励的构成

年薪激励是一种固定收入 + 浮动收入的模式，其本身的特点决定了年薪激励需增加浮动收入的占比，具体固浮比的设置需根据岗位、职务、层级的不同进行针对性调整。

5.4.2　年薪激励的特点

年薪激励具有以下特点。

（1）兼具激励性和约束性。年薪激励与绩效关联性较强，因此年薪激励对员工具有更强的激励性；年薪激励模式将员工的利益与企业的利益进行统一，能够有效地激发员工的责任感和使命感，对员工具有很好的约束作用。

（2）兼具公平性和效率性。在年薪激励制度下，员工完成既定的目标和挑战则可拥有较高的薪酬，一方面体现了劳动和机会的公平性，另一方面有利于提高工作效率。

（3）兼顾短期利益与企业长远发展。传统的年薪激励模式是对过去的业绩进行奖励，而年薪激励更注重企业的长远发展，它将企业未来的经营发展与人才未来的收益联系在一起，使得员工能够从长远角度看问题，避免员工的短视行为。

5.5 股权激励

5.5.1 什么是股权激励

什么是股权激励呢？股权激励是指"企业为员工分配股权，员工通过股权享有一定的经济权利，并能够以股东的身份参与企业决策、分享利润、承担风险，从而为企业提供较长时间的服务。"（李妮，2019）

股权激励是如今企业常用的激励方式之一。简单来说，使用股权激励就是企业通过给员工发放企业的一部分股份，使员工成为企业的股东。这样做，可以使员工成为企业的主人，实现员工与企业利益的捆绑，有利于增强员工的归属感和责任感，从而实现企业的快速发展。

是不是只有上市的企业才能进行股权激励呢？其实不是的。处于任意发展阶段、任意规模的企业都可以进行股权激励，它是一种通用的长期激励方式。

与上市公司相比，处于创业期的公司更适合股权激励方式。创业公司具有资金紧张等特点，因此创业公司通过实施股权激励，向员工描绘一个宏大蓝图，激励员工为了丰厚的回报而努力，以此吸引和保留人才，实现公司的稳定发展（图5-9）。

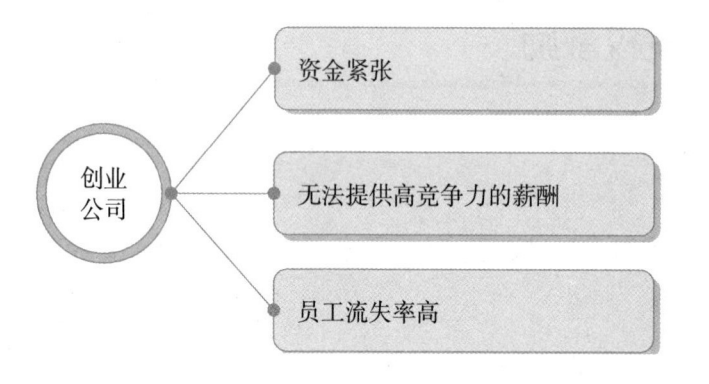

图5-9　创业公司的特点

运"酬"帷幄

股权和期权

很多人认为公司股权和公司期权是一回事儿，其实二者并不相同。

公司股权是指股东拥有的一些权利，如享受股东分红，参与公司决策等，具有股权的股东肯定拥有企业的股份。

公司期权是指企业授予员工可以在未来一定时间内以确定好的价格购买公司一定数量的股份的权利。通常企业上市后的股票价格都比期权预先确定的价格高，因此企业上市后员工可通过期权预先确定的价格与股票市场价格的差额获得收益。

5.5.2　股权激励的作用

企业采用股权激励可以使企业与员工构成利益共同体，员工为了自身利益更加努力工作，从而促进企业的发展。

股权激励的作用主要有以下几点（图 5-10）。

激励作用

约束作用

稳定企业人才

图 5-10　股权激励的作用

企业通过建立股权激励机制，在员工的薪酬与企业的经营状况之间建立了密切的联系，使得员工和经营者都更加关注企业未来的发展状况，可以增强企业的可持续发展能力。

例如，员工通过股权激励机制获得一定的股东权利，增强了员工的"主人翁"意识，这有助于提高员工的自律性，对员工起到了约束作用。

股权激励机制可以有效地吸引和保留人才，因为股权激励的特殊要求，如果企业员工随意离职可能会给自己带来较大的经济损失，因此股权激励机制可以很好地稳定员工，尤其是一些核心岗位的优秀人才，因为企业通常对这些骨干的股权激励力度会更大。

5.5.3 股权激励的模式

使用股权激励可以采用以下几种模式（图5-11）。

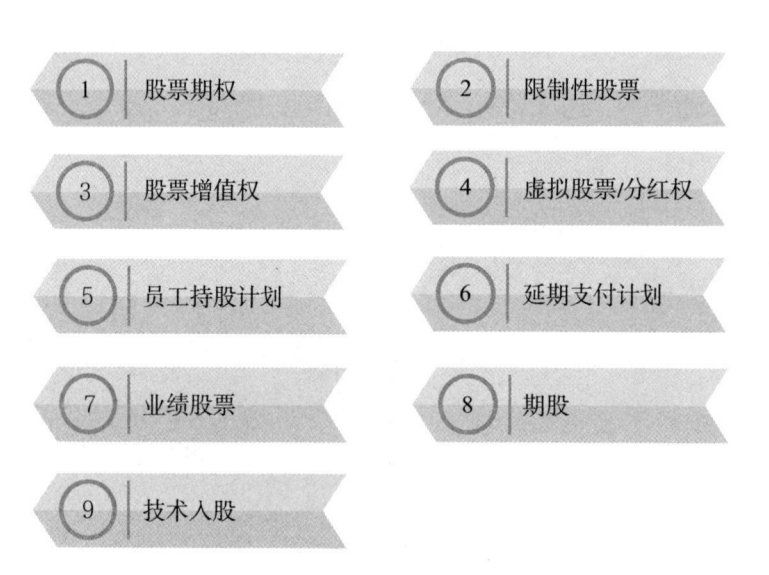

图5-11 股权激励的模式

（1）股票期权。股票期权相当于是企业给员工一个"内部价"来购买本企业一定数量的股票，这里的"内部价"往往低于企业股票市价，因此员工可以通过获得股票市价和行权价之间的差额获得利益，当然员工也可以放弃这种权利。

（2）限制性股票。限制性股票是指企业授予员工一定数量的股票，但是这种股票不同于一般的股票，它对股票的抛售具有某些限制，这些限制由企业来规定，比如员工须达到某绩效要求或满足一定的工作年限等。

（3）股票增值权。如果员工具有股票增值权，则当企业的股票升值时，员工虽不持有股票但却可以享有一定数量的股价增值收益。

（4）虚拟股票 / 分红权。虚拟股票 / 分红权，顾名思义，它是虚拟的，如果员工持有虚拟股票 / 分红权，则可以享有股票分红和股价增值收益，但因为资产是虚拟的，所以不具有股东表决权，虚拟股票也无法转让和出售。

（5）员工持股计划。员工持股计划是指由内部员工出资来认购企业一定数量的股权，然后委托第三方（如员工持股会或金融机构）来运作管理。

（6）延期支付计划。延期支付计划是指企业授予员工一部分奖金或股权激励，但是这部分奖金或股权激励不是当时直接支付，而是按照约定的年限分次或一次性支付。

（7）业绩股票。业绩股票是指企业为员工制定一个业绩目标，当在一定时间内完成业绩目标时，企业奖励员工一定数量的股票。

（8）期股。期股是指企业投资者与企业经营者协商确定股票价格，经营管理者在任期间可以通过各种方式以此股票价格获取一定比例的企业股份。

（9）技术入股。技术入股是指员工以自己的技术成果换取企业一定的股份，技术入股后，员工获得股份，而企业获得技术所有权。

5.6 管理层收购（MBO）

管理层收购，英文全称为 Management Buy-Outs，简称 MBO，是指公司的管理者利用杠杆融资手段购买本公司股份的行为。公司的管理者通常从投资者手中回购股份，以此来获得公司的所有权和控制权。通过收购，公司的管理者既是企业经营者，也是企业所有者，然后即可重组公司，改良经营状况，从而获得更多收益。

管理层收购具有以下几个特点。

（1）公司的管理者通过收购股份成为公司的所有者，对管理者本身既具有激励作用，又具有约束作用。

（2）管理者购买的是法人股，价格相对较低，因此代理成本较低。

（3）管理者对公司的情况更为了解，因此可以采取更有针对性的措施，改善企业的经营状况，使企业获得良性发展。

MBO 作为一种新型并购模式，并不适用于所有的企业。那么，什么类型的企业适合实施 MBO 呢？适合 MBO 的企业通常具有以下几个特征（图 5-12）。

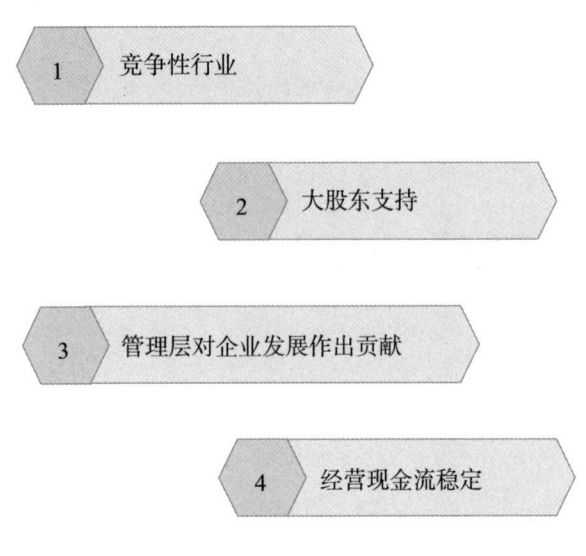

图 5-12　适合 MBO 的企业特征

（1）竞争性行业。MBO 是指管理者收购企业的行为，这意味着企业的管理权和所有权都将归于管理者。因此一些关乎民生或垄断型的企业，例如能源、电信等企业并不适用 MBO，如果这些企业的所有权归于个人所有，则可能引发一系列的问题。而竞争性行业如果使用 MBO，使经营者与管理者合二为一，则可以加快企业的市场反应与决策速度，从而提高企业的竞争力。

（2）大股东支持。管理者进行收购通常购买的是大股东方的股份，如果没有大股东的支持，不仅收购价格会很高，也会对收购进程造成一定的影响。

（3）管理层对企业发展作出贡献。进行收购的企业管理者通常都对企业的发展作出过重大贡献，并且这种贡献得到大股东（股份出让方）以及政府的认可。为了维持企业的稳定发展，大股东在出让股权时会优先考虑管理层作为受让方对企业的贡献，大股东往往也会在价格上作出适当让步。

（4）经营现金流稳定。管理层通常需要通过借贷来完成企业的收购，收购完成后，管理层需要偿还所借贷款，因此企业需有稳定的经营现金流，以保证能够顺利偿还借贷。

5.7　激励应有度

5.7.1　加薪要控制幅度

给员工加薪时，薪资涨幅要合理，不能太低或太高，同时要符合员工为企业所作的贡献。如果这次加薪幅度过高，可能会导致下次涨薪幅度显得过低，从而导致员工产生不满情绪。而如果是有特殊原因，员工作出了特殊贡献，例如申请到了某项专利等，也可以提高涨幅，但需要向员工说明具体原因，以免员工对薪资调整产生误解。

当考虑加薪时，需注意公平原则，为企业作出更多贡献的员工的涨薪幅度应该更大。

需要注意的是，加薪应以员工的工作成绩作为参考依据，而不能以员工的需求为参考依据。不能因为某员工家庭经济困难或者家里急需用钱就为其涨薪，这样会造成不公平现象，让其他员工失去工作动力，不利于企业发展。

5.7.2　激励要有原则

企业对员工进行激励时不能盲目激励，一般需要遵循以下几个原则（图 5–13）。

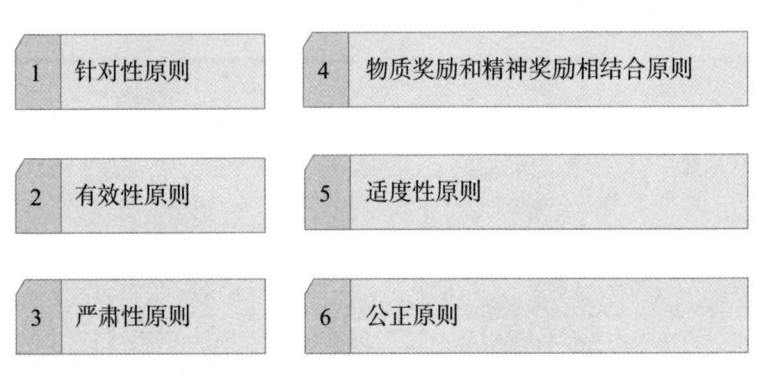

1	针对性原则	4	物质奖励和精神奖励相结合原则
2	有效性原则	5	适度性原则
3	严肃性原则	6	公正原则

图 5–13　有效激励的原则

（1）针对性原则。针对性原则是指使用的激励方法要针对每个人的特点单独制定，每个人的需求与期望值均不同，薪酬管理者应把握每个员工的个体差异，根据每个人的特点制定激励方法。

（2）有效性原则。有效性原则是指充分考虑通过激励是否能达到预定的目标。这就要求合理制定激励条件，采用多种激励方式，并在激励时避免平均主义，提高激励价值。

（3）严肃性原则。严肃性原则是指管理者应秉持慎重的态度，严格以工作成果为参考依据，选准激励对象，使得激励取得最好的效果。

（4）物质奖励和精神奖励相结合原则。物质奖励"看得到，摸得着"，可以满足员工的物质需求；精神奖励虽然"看不见，摸不着"，却可以满足员工的精神追求，让员工心情愉悦，二者结合可以产生更好的激励效果。

（5）适度性原则。适度性原则是指激励要适度，不可过高或过低，最好提前制定激励标准，避免盲目激励。

（6）公正原则。公正原则是指进行激励时要严格按照工作业绩进行激励，不能因为个人关系或其他因素影响激励准则。

运"酬"帷幄

激励要有节制

激励措施虽然能鼓舞员工的士气，让员工更有干劲，但是激励也要有节制，如果过分使用也会过犹不及，产生负面效果。那么，对员工进行激励措施时需要注意哪些事项呢？

（1）不开先例。激励时切不可一时兴起开先例，一旦不按规矩开了先例，可能导致其他员工的不满，也可能会给后续工作带来很多麻烦。激励要三思而后行，制定出统一的标准，统筹规划。

（2）激励在平时。激励应避免形式化、大张旗鼓式的方式，最好在日常工作中去激励，这样有助于形成良好的工作氛围。

5.8 奖罚有道

　　企业通过合理的激励措施可以激发员工的工作积极性，而适当的惩罚措施同样可以鞭策员工改掉不良的习惯或认识到自身的错误。因此，好的奖罚措施可以为员工指明方向，树立良好的企业价值观，引导员工做出利于企业发展的举措。

　　如某企业管理者为了提高出勤率，启用赏罚并用的策略：公司设置全勤奖，用于奖励一个月全勤的员工，同时每次缺勤扣除一部分工资，每个月累计缺勤一定次数后奖金按一定折扣发放，由于员工的奖金占比较高，所以为了避免奖金"打折"，员工都积极遵守公司规定，公司的出勤率得到了很大地提升。

　　员工都喜欢奖励而不喜欢惩罚。惩罚是一把双刃剑，得当的处罚不仅能让员工心悦诚服，而且可以激发员工的上进心，不得当的处罚则可能造成人才的流失。

　　某企业在年底进行财务核算时，发现全年利润只有8%。企业经营管理者认为是员工的薪酬制度出现了问题，于是调低员工的固定薪酬，增加员工的浮动薪酬，并为每个人员设置季度目标，若未完成则要扣除一定的奖金。

企业经营管理者没有查找利润低的根本原因，贸然从员工薪酬的部分去节约成本，导致多名员工心存不满，直接辞职，公司运营一度出现危机，后面急忙撤销改革方案，然而为时已晚，流失的人才再也回不来了。

企业的利润低可能是多种原因造成的，例如经营不善、回款延迟等。上述案例中，企业经营管理者却将利润低的原因直接归咎于员工的薪酬制度。改变薪酬结构，降低固定工资，相当于对每个员工进行了处罚，这显然处罚错了对象，最终导致人才流失。

对此，企业应坚持科学奖罚原则，做到奖惩有据、奖惩及时、奖惩公开（图5-14），这样才能激励员工，留住人才。

奖惩有据

奖惩及时

奖惩公开

图 5-14　科学奖罚原则

学以致用

股权激励是一种有效的长期激励机制，它可以使员工具有"主人翁"意识，让员工感到"为企业奋斗就是为自己奋斗"，有利于提高员工的积极性和大局观。

你知道股权激励主要适用于哪些员工吗？股权激励与期权激励有哪些相同点和不同点呢？

第 6 章

机动灵活，薪酬优化管理

薪酬与员工利益直接相关，也是员工十分关心的内容，如果薪酬设置不合理，很可能影响员工工作的积极性。所以，为了留住优秀员工，也为了吸引优秀人才，企业应该优化薪酬管理，完善薪酬体系。

而优化薪酬管理需做的工作有很多，比如薪酬调研、薪酬评估、薪酬调整等。除此之外，薪酬的设计与管理人员也要不断提升自身素质，以适应薪酬优化管理的需要。

6.1　薪酬发放

　　简单来说，薪酬发放就是薪酬的具体发放办法。薪酬发放并不是简单地向员工发放薪酬这么简单，其中涉及很多知识、技巧和方法。

　　薪酬发放是每个员工都关心的问题，如果这一环节出现问题，很可能引起员工不满，进而对企业造成影响。所以企业应重视薪酬的发放，掌握发放的方式和方法，并服从国家和地方有关法律法规的规定（图 6-1）。

图 6-1　薪酬的发放是员工非常关心的问题，也应该是企业关注的问题

6.1.1 薪酬发放的基本形式有哪些

薪酬发放有着不同的方式，在薪酬发放之前首先要对此有所了解。具体来讲，薪酬发放主要有以下四种方式（图6-2）。

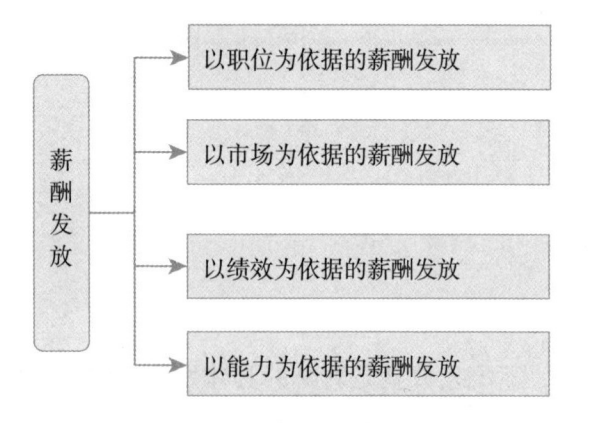

图6-2 薪酬发放的方式

◆ 以职位为依据的薪酬发放

以职位为依据的薪酬发放是指根据企业某一职位的相应价值来支付薪酬。这种薪酬发放方式与职位上的员工没有什么关系，只与职位本身所具有的价值有关。

这种薪酬发放方式简单客观，操作起来也比较简便，适用于一些管理岗位。

◆ 以市场为依据的薪酬发放

以市场为依据的薪酬发放主要以市场为导向，也就是根据劳动力市场的调查情况，向员工发放薪酬。

这种薪酬发放方式有着一定的市场竞争优势，对于吸纳和保留人才十分有效，但会增加企业的薪酬成本，也会随市场环境的变化而有所变动。

◆ 以绩效为依据的薪酬发放

以绩效为依据的薪酬发放是指根据员工为企业所作出的贡献来支付薪酬。员工所创造出的最终绩效成果，是薪酬发放要考虑的绝对因素，与员工所在的职位及员工的努力过程没有直接关系。

这种薪酬发放方式对员工的激励作用十分显著，而且灵活公平，常运用于销售岗位。

◆ 以能力为依据的薪酬发放

以能力为依据的薪酬发放是指根据员工能力来给员工发放薪酬。这种薪酬发放方式不关注员工具体在哪个职位，也不关注员工的工作细节，而是关注员工的知识技能，比较适合研发人员。

💡 运"酬"帷幄 ━━━━━━━━━━━━━━━━━━━━━ ▶▶

薪酬发放应遵循哪些原则

在向员工支付薪酬时，除了要了解基本的发放形式，掌握发放的时间，还要遵循一定的原则，这样能使薪酬发放更加有序。薪酬发放具体应遵循以下几项原则（图6-3）。

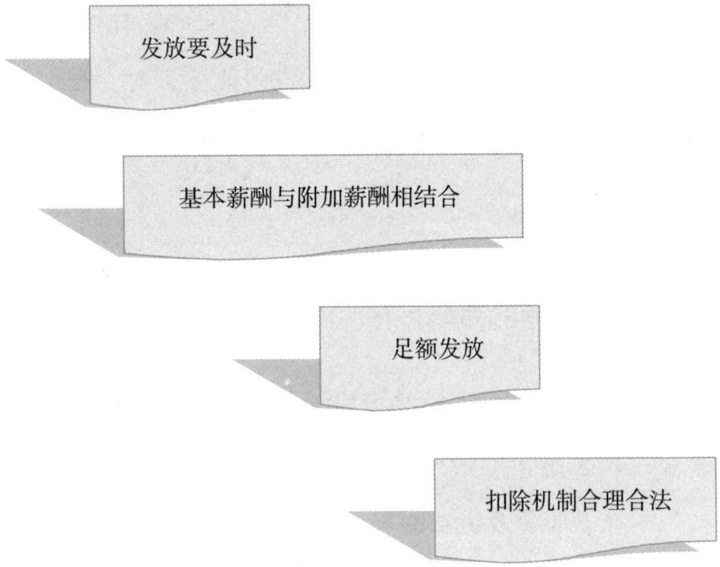

发放要及时

基本薪酬与附加薪酬相结合

足额发放

扣除机制合理合法

图 6-3　薪酬发放的基本原则

在向员工发放薪酬时，在遵循上述原则的基础上，再采用合适的方式，将会起到显著的激励作用，提升员工的满足感。

6.1.2　掌握薪酬发放的时间

薪酬发放时间想必是每位员工都十分关心的问题，所以企业应按照薪酬发放保障制度，按时支付薪酬。在遵循基本规定的基础上，企业也可以根据自身的具体情况来调整薪酬发放时间。发放时间通常包含以下几种（图 6-4）。

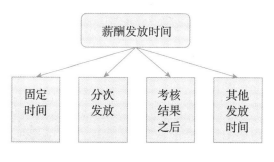

图 6-4　薪酬发放时间

◆ 固定时间

固定时间是指薪酬发放的时间是固定的。这种发放方式适用于工资相对固定的情况。

◆ 分次发放

如果员工的工资由固定工资和浮动工资共同组成，那么除了要发放固定工资，还要发放依据员工考核结果所产生的绩效奖金。在这种情况下，需要分次发放薪酬，如分两次发放，或分多次发放。

◆ 考核结果之后

当要根据员工的绩效成果来发放薪酬时，一般会在员工的业绩考核结果之后发放。一般考核的形式有很多，如月度考核、季度考核等，企业会等考核结果出来之后，据此给员工支付薪酬。

◆ 其他发放时间

对于一些附加薪酬，如福利、津贴、补助等，可以根据企业的具体情况来确定。

 案例分析

某家电企业经营状况良好，员工的薪资水平合理，但总是留不住员工，人员流动相对较大。这种情况给企业带来了一些负面影响：首先员工缺乏工作的积极性，加上人员的流动，影响了企业的运作进度；其次企业的形象和声誉受到消极影响，难以招到优秀的人才。

究竟是哪里出现了问题呢？经调查发现，原来企业的薪酬发放总是不及时，经常推迟发放。虽然薪酬都是足额发放，但由于总是不能及时拿到工资，引发了企业员工的普遍不满，进而纷纷选择离开企业，寻找更好的工作岗位。

根据这种情况，企业决定对薪酬发放时间进行调整，即明确薪酬发放时间，并提前进行薪酬核算，然后依据相关制度，在规定的时间为员工发放工资。

经调整之后，企业人员流失的状况改善了很多，员工的工作积极性也有显著提高，企业的效益和运作状况也明显改善。

6.1.3 熟悉薪酬发放的流程

薪酬发放也是有相应的流程的，具体包含以下几个环节（图6-5）。

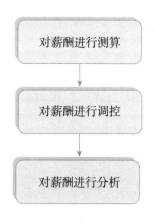

图 6-5　薪酬发放的流程

◆ 对薪酬进行测算

对薪酬进行测算，是指根据企业的过往薪酬情况与员工配置，并依据当前的薪酬方案，对员工未来的整体薪酬做出具体预计。

对薪酬进行测算，可以测算经济成本，为企业的薪酬管理提供依据。

◆ 对薪酬进行调控

对薪酬进行调控，是指依据一定的信息和措施，对薪酬发放环节进行调整和控制，以确保薪酬发放准确安全。

具体而言，在发放薪酬时，人力资源相关人员可以采用一些措施来保障安全性问题，比如，经多人办理；通过信誉度高的银行发放薪酬；设定严格的薪酬发放制度等。

◆ 对薪酬进行分析

对薪酬进行分析，是指依据企业薪酬发放的具体数据信息，通过一定的方法，对薪酬管理的具体现状进行分析，进而预测薪酬管理的未来趋势。

在每一次薪酬发放中，都有必要对基本的薪酬数据进行分析，这样可以及时发现薪酬发放中存在的问题，了解企业薪酬结构的设置是否合理，薪酬方案是否能够达到预期的效果等。

6.2　薪酬的调研、评估与反馈

　　薪酬管理状况影响着企业的内部运营状况和企业的外部竞争性，因此，有必要对企业的薪酬进行调研、评估和反馈，从而了解企业薪酬管理的基本情况和信息，进而对企业薪酬管理状况加以调整，优化企业薪酬管理。

6.2.1　薪酬调研

　　所谓薪酬调研，是指依据一定的标准和方法，收集、分析和总结劳动力市场上涉及薪酬的相关信息，形成调研报告，进而为企业的薪酬设计提供依据。

　　根据调研结果，可以具体调整薪酬构成和标准，可以了解同行企业的人力资源状况、工资动态与发展趋势，还可以检验岗位价值评估结果。总之，进行薪酬调研很有必要（图 6-6）。

图 6-6　薪酬调研对企业而言非常有必要

◆ 薪酬调研的步骤

薪酬调研有专业的调研公司发起的调研活动，也有企业自己组织的调研活动，但无论是哪一种调研活动，都要经历以下几个步骤（图 6-7）。

图 6-7　薪酬调研的步骤

1. 前期准备

在准备阶段，需要做以下几个方面的工作：明确薪酬调研的目的；选择调研的基准企业和岗位；确定基本的调研信息；形成调研方案等。

薪酬调研的目的有很多，而且不同的企业可能有着不同的目的，常见的目的包括：为建立薪酬管理体系、制定薪酬管理制度等提供依据；为查找企业内部的薪酬结构问题以及问题的解决提供依据；学习其他企业的薪酬管理办法；等等。

在明确了调研目的之后，就要选择基准企业和岗位，以此来确定调查对象。选择基准企业，可以按地区、行业、企业和岗位进行选择。根据地区选择，是指对所选企业所在地区与企业岗位薪酬相关性进行考量。根据行业选择，是指选择与本企业有竞争关系的企业进行考量。根据企业选择，是指选择具体的企业，此时需要考量企业的规模和性质的相关性。选择基准岗位，是指选择与要调查岗位的工作内容、职责要求、岗位等级等十分相似的岗位。

薪酬调研需求的信息不能太多，但也不能过于简化，应根据调查目的、企业需求等综合考虑。

2. 调研实施

这一环节的实施十分重要，而且在这一环节，薪酬调研渠道的选择非常关键。比较常见的渠道有以下几种（图6-8）。

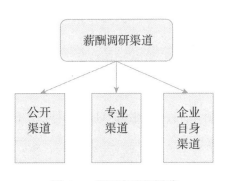

图6-8 调研实施的渠道

公开渠道一般是指一些免费公开信息的渠道。这些渠道一般包括国家的相关部门、地方各级政府、行业中比较权威的协会以及一些学术机构、论坛等。这些渠道会对全国各地的劳动市场状况进行调查研究，并将调研结果免费公开发布到网站、论坛、报纸、杂志等媒体平台。公开渠道的调查结果具有免费性和权威性，企业可以根据这些渠道来获取调研信息，进而据此来调整自身的薪酬标准。

专业渠道一般是指通过专业机构进行薪酬结构调查，这些专业机构通常包括专业的薪酬调查公司、咨询公司和人才服务机构等。企业渠道能够根据企业的特点进行调查，满足企业的独特需求。

企业自身渠道也就是指企业根据自身的实际情况实施薪酬调研。这种渠道具有很强的目的性和针对性，能够满足企业自身的需求。

3. 结果分析

在得出薪酬调研结果之后，还要对结果进行分析。在分析调研结果时，通常会采用集中趋势法、图表分析法等。

集中趋势法是指将调研所得数据集中化，形成一个具体数值，如采用平均值法、加权平均值法等。

图表分析法比较容易理解，就是将调研所得数据通过图或表的形式进行呈现。

4. 结果应用

对结果进行分析之后，企业就可以加以应用了，也就是根据这些结果来制定薪酬体系。

◆ 薪酬调研的原则

在薪酬调研的过程中，有些原则是必须遵循的，具体如下图 6-9 所示。

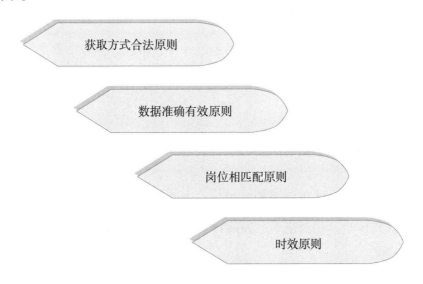

图 6-9　薪酬调研遵循的原则

1. 获取方式合法原则

在进行薪酬调研时，所采用的方式和手段必须合法合规，不能采取非法手段获取竞争企业的薪酬信息，即要遵循合法原则。

2. 数据准确有效原则

在调研过程中，要遵循数据准确有效的原则，也就是说不可将不切实际、道听途说的信息当作调研数据，同时要对调研结果进行核查和验证，确保数据的准确性。

3. 岗位相匹配原则

岗位相匹配原则是指选择竞争对手进行调研时，竞争对手的岗位情况（包括岗位职责、岗位结构等）要与自身企业的岗位具有很大的相似性，否则所得数据将不具有实际意义。

4. 时效原则

一份薪酬调研结果是有一定时效性的，一旦过了这个时效，其意义将会消失。通常，这个时效不超过一年。对此，企业的薪酬调研数据信息要定时更新。

6.2.2 薪酬评估与反馈

当人感觉身体不舒服的时候，或者为了预防疾病，会前往医院进行检查或诊治。相对应地，薪酬评估则是预防和发现企业薪酬制度中的问题。

具体来讲，薪酬评估是指通过科学的方法和手段收集有关企业薪酬的信息和数据，同时结合财务情况，对这些信息和数据进行总结和分析，进而发现企业薪酬体系的薄弱环节或存在的问题，对今后的薪酬体系的优化起到指导作用。

进行薪酬评估，可以将企业薪酬制度中的问题诊断出来，根据问题产生的原因，企业可以寻找具体解决方案，进而改进和完善企业薪酬管理体系。

◆ 薪酬评估的内容

薪酬评估到底评估哪些内容呢？具体来讲，薪酬评估包含以下几项基本内容（图6-10）。

图 6-10　薪酬评估的内容

薪酬结构评估是指对企业内部不同职位员工薪酬水平的排列方式的评估。其内容具体包括目前薪酬的效果如何、同企业的经营方针是否一致、是否具有激励性、当前的薪酬结构是否存在问题等。

薪酬总额评估是指根据财务报表对企业薪酬总额的管理现状进行评估。其内容具体包括薪酬总额的确定标准是什么、薪酬总额的决定是否参考了多方意见、薪酬总额的确定是否与企业的支付能力相匹配等。

奖金、福利评估就是针对企业所发放奖金、福利的情况进行的评估。其内容具体包括奖金、福利的设计与企业的经营方针是否相关、发放是否起到了一定的效果、分配方式是否合理等。

◆ 薪酬评估的方法

企业薪酬评估大体可以通过两种方式进行：一种是内部薪酬评估，另一种是外部薪酬评估。

所谓内部薪酬评估，是指企业选用内部人员对企业的薪酬管理状况进行评估。一般先是企业内部推荐代表，组织成立委员会，然后对企业全体成员的薪酬管理情况进行调查，最后形成评估报告。进行内部薪酬评估，优势在于可以防止机密外泄，劣势在于因员工有所顾忌而难以指出问题的根源。

所谓外部薪酬评估，是指企业外聘专业人士或组织机构对薪酬管理情况进行评估。相比较而言，作为旁观者，外聘专业人士或组织机构更能直观地发现企业薪酬管理中的问题。

◆ 薪酬评估的步骤

在进行薪酬评估时，大体可以通过以下三个步骤实施（图 6-11）。

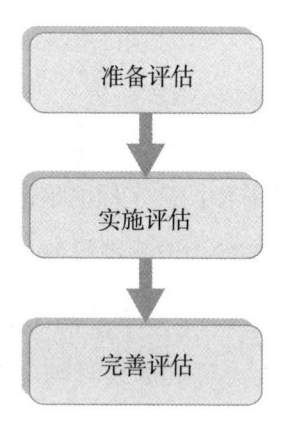

图 6-11　薪酬评估的步骤

1. 准备评估

所谓准备评估，也就是为评估的实施做准备，具体包括建立评估组织、制定评估方案、收集相关资料。

建立评估组织，首先要建立评估小组，然后要明确具体的职责。

制定评估方案，应具体确定评估目的、评估对象、评估方法等内容。

收集相关资料，也就是针对不同的评估对象收集相应的资料，同时确保资料的准确性和可靠性。

2. 实施评估

实施评估，首先要进行数据调查，也就是根据相应的标准，采用一定的方法，对市场上各职位进行分析，形成能够反映市场薪酬状况的报告，为企业的薪酬设计提供依据。

其次要形成评估报告，当评估小组完成调查分析工作后，要形成评估报告，并向企业提交。通常，评估报告中要包含以下几项内容（图6-12）。

图 6-12　评估报告包含的主要内容

3. 完善评估

当提交报告之后，还需要根据企业领导人以及人力资源部门所提供的意见进行修改，以使报告更加完善，更具有指导意义。

运"酬"帷幄

薪酬评估的四大角度

企业在进行薪酬评估时，可以从以下四个角度（图6-13）展开，这样可以确保评估的全面性。

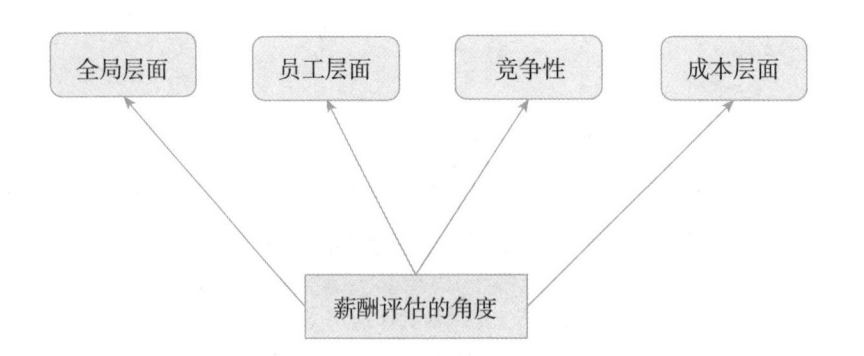

图6-13 薪酬评估的四大角度

薪酬评估要有全局观，也就是要从企业全局以及发展战略的角度进行评估，以使企业能够长远发展。

薪酬评估要深入员工内部，围绕薪酬结构能否激发员工的工作积极性、能否创建良好的工作氛围、能否提升员工能力等方面展开。

薪酬评估要考虑企业薪酬水平的对外竞争性，也就是从市场的角度全面系统评估薪酬水平，以提高企业的竞争性。

薪酬评估要考虑财务成本，即要分析人工成本投入和产出的比例。

6.3 薪酬的优化与调整

企业是在不断发展变化的，固定的薪酬管理体系不可能一直满足企业的发展需求。企业的薪酬管理体系需要随着企业的发展而进行优化和调整，以使薪酬管理体系能够适应企业的发展战略。总体来说，薪酬管理最好的状态是动态平衡，所以对薪酬加以优化与调整是薪酬管理工作中的重要一环。

6.3.1 薪酬调整的方法

薪酬调整的类型主要有两种：一种是薪酬整体结构调整；另一种是薪酬水平调整。薪酬结构调整一般是对整个企业薪酬体系进行变革。薪酬水平调整是指在企业薪酬结构不变的情况下，对薪酬的多少加以调整。无论是哪一种形式的薪酬调整，在调整之前都要进行充分的调研和分析，不可盲目进行。

关于薪酬调整的方法，常见的有以下几种（图6-14）。

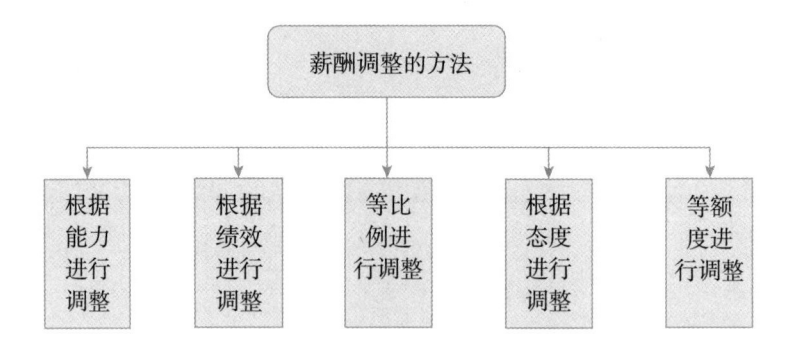

图6-14　薪酬调整的主要方法

◆ 根据能力进行调整

这里的"能力"指的是员工的工作能力，而根据能力调整薪酬，也就是根据员工的工作能力来对其薪酬水平加以调整。一般薪酬调整的幅度和员工的能力测试水平成正比，即身处相同岗位或层级的员工，能力测试水平越高，薪酬调整的幅度就会越大。

这种调整薪酬的方法比较适用于看重能力和发展的企业或岗位，如某些技术类岗位。其优点是能够激励员工提高工作能力，缺点是不能确保员工的能力转化为工作绩效。

◆ 根据绩效进行调整

根据绩效调整薪酬，也就是以员工的绩效水平为标准来对员工的薪酬水平加以调整。绩效调整的幅度和员工的绩效水平也是成正比关系，即处于相同岗位或层级的员工，其绩效水平越高，薪酬调整的幅度就会越大。

这种调整薪酬的方法比较适用于看重绩效的企业和岗位，比如销售、管理岗位等。其优点能够激励员工提高绩效水平，缺点是员工的薪酬差距较大。

◆ 等比例进行调整

等比例调整薪酬很好理解，就是将企业全体员工的工资以原工资为基础按相同比例提高或降低。很明显，以这种方式来调整薪酬，原工资高的员工的薪酬调整幅度要大于原工资低的员工的薪酬调整幅度。

这种调整薪酬的方法比较适用于强调内部薪酬差距的企业。其优点是操作简单，能够对全体员工产生激励效果，缺点是会明显拉大薪酬差距。

◆ 根据态度进行调整

根据态度进行调整，也就是以员工的工作态度和积极性为标准来调整薪酬。不过，这需要企业对员工的工作态度进行全面评估。态度测评的数值越高，薪酬调整的幅度就会越大。

这种调整薪酬的方法比较适用于看重员工工作态度的企业。其优点是能够激励员工改善工作态度，缺点是有些主观，很难准确判定员工态度是否真的良好。

◆ 等额度进行调整

等额度调整薪酬是指企业所有员工按照相同的额度进行薪酬调整，

比如所有员工的工资每月增长 300 元。

这种调整薪酬的方法主要是为了解决因物价增长而造成的购买力下降的问题。其优点是操作简便，不会产生薪酬差距，缺点是对低薪者的激励效果明显，但对高薪者的激励效果一般。

当然除了以上五种薪酬调整方法外，还有两种复合式的方法，即综合性调整与多元化调整。

所谓综合性调整是指将多种因素加以综合考虑，即将绩效、能力、态度等因素都考虑在内，进而对员工的薪酬加以调整。

所谓多元化调整，是指综合采用以上五种薪酬调整方法和综合性薪酬调整方法，形成一种多元化的模式，针对部分特定人才进行薪酬调整。

6.3.2　薪酬调整的流程

在进行薪酬调整时，一般要按照以下流程展开。

◆ 收集信息

在进行薪酬调整之前，企业 HR 首先要收集相关的信息，为薪酬调整做准备。具体来说，所收集的信息应包含以下内容（图 6-15）。

（1）行业内竞争对手的基本薪酬情况。

（2）企业内部员工对薪酬的满意程度。

（3）国家以及当地政府的相关法律法规。

（4）企业所在地的消费指数。

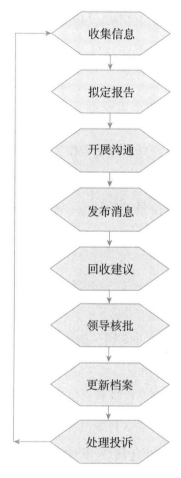

图 6-15 薪酬调整的流程

◆ 拟定报告

当收集齐相关的信息后，企业 HR 就要拟定薪酬调整建议报告。具体来说，所拟定的报告要包含以下内容。

（1）企业调整薪酬时准备采取的策略。

（2）薪酬调整的比例、薪酬调整的金额以及薪酬调整的原因。

（3）调薪之后企业发生的变化。

（4）本次调薪方案的具体情况和进度情况。

（5）调薪过程中需要企业各部门配合的具体工作清单。

◆ 开展沟通

调薪不仅与员工的自身利益切实相关，而且也要得到员工的配合，所以企业 HR 要做好与员工的沟通工作。具体的沟通方式可以灵活决定，比如可以单独与每位员工就调薪一事进行沟通，也可以将调薪理念先告知管理者，再由管理者通知全体员工。

◆ 发布消息

当确定好薪酬调整的方案后，就要发布调薪的准确消息，消息的具体内容包含以下几个方面。

（1）员工的基本信息，包括姓名、司龄、职位等。

（2）员工所在岗位、基本薪酬情况、以往的绩效评价。

（3）本次薪酬调整的原因以及具体情况。

（4）本次薪酬调整的类别、比例。

（5）本次薪酬的变动金额。

（6）本次薪酬调整的日期。

当然，具体信息不限于上述几种，企业可以根据具体情况调整发布薪酬的确认消息。

◆ 回收建议

企业 HR 回收各部门关于调薪的建议，并对这些建议进行审核，如果发现有不符合企业调薪理念和策略的，应及时与各部门相关负责人进行沟通，并要求他们重新审核并进行修改。这个过程可能会存在反复情况，此时 HR 要保持足够的耐心。

◆ 领导核批

将之前所有的工作环节和过程以书面报告的形式呈交给领导审核，确保领导熟知薪酬调整的每一个步骤和环节。

◆ 更新档案

当领导审批之后，企业 HR 要按照新的薪酬方案对员工档案进行更新，同时拟定薪酬调整的通知文件，必要的时候可以短信的形式通知员工。

◆ 处理投诉

实施新的薪酬调整方案之后，不可避免地会引来部分员工的不满，对此 HR 要提前做好准备，比如告知员工投诉的方式。接到员工的投诉后，HR 要认真对待，妥善处理，并做出合理安排。

 案例分析

某企业领导发现企业业绩一般，甚至有下滑的现象，而且员工对工作存在懈怠的情况，如果不及时改变这种情况，企业很有可能被市场淘汰。

为了激发员工的工作积极性，提高员工的业绩，促进企业的发展，企业领导决定对员工的薪酬进行调整。经企业各部门调查和协商，拟定了以下调薪方式。

当员工业绩完成并超过 150%，薪酬上调 10%。

当员工业绩完成 100% 但没有达到 150%，薪酬上调 5%。

当员工业绩完成 90% 但没有达到 100%，薪酬不变。

当员工业绩完成 50% 但没有达到 90%，薪酬下调 5%。

薪酬经上述调整后，员工的工作积极性显著提高，企业总体效益的提升也是显而易见的。可见，薪酬调整对员工和企业都有显著的影响。

6.4 薪酬设计与管理主体的素质优化

作为薪酬管理的核心人员，薪酬设计与管理主体的素质直接关系着薪酬的设计与管理情况，所以薪酬设计与管理主体要不断优化自身素质，不断提升自己，以更好地促进企业的发展。

具体而言，薪酬设计与管理主体应从以下几个方面来优化自身素质。

6.4.1 更新理念

所有的实践都要以理念为基础，所以薪酬设计与管理主体要转变和更新薪酬设计与管理的理念。

◆ 形成现代化的薪酬设计与管理理念

随着企业的发展壮大，员工的报酬不再那么单一，而是越来越多元化，附加薪酬变得越来越重要，精神薪酬也备受关注。

现在，市场的薪酬结构已经发生了巨大变化，企业也应该改变传统的薪酬设计与管理观念，接受新的、科学的、高效的理念，才能实现长远发展。

而薪酬设计与管理主体应该转变思想，学习和接受新的理念。具体而言，应根据企业的实际情况，探索一套现代的、科学的、符合企业目前发展现状和满足企业长远发展的薪酬设计与管理体系。

◆ 重视薪酬战略并付诸实践

薪酬设计与管理主体除了要更新理念，还要以新的理念为基础，依据企业的实际情况以及各项外在因素，拟定符合企业现状和未来发展的薪酬战略，并付诸实践。

6.4.2　学习和运用新技术

现在，中国企业正在朝着市场化、国际化的方向发展，所以薪酬设计与管理主体不应只会运用一些简单的表格来完成工作，而应跟上社会的发展，学习新的技术，并将新的技术运用于企业薪酬设计与管理，进而推动企业的发展。

6.4.3　提升专业能力

薪酬设计与管理对专业技能有着较高的要求，如果薪酬设计与管理主体的专业能力不够，那么将很难胜任相应的工作，薪酬设计与管理主体只有凭借专业的能力才能为企业设计合适的薪酬方案，才能更好地进行薪酬管理。

首先，薪酬设计与管理主体要掌握相关的薪酬知识，丰富自己的认知。

其次，薪酬设计与管理主体应熟练掌握劳动法，以妥善解决劳动纠纷。

总体而言，薪酬设计与管理主体要不断提升自己，这样才能更好地完成薪酬设计与管理工作。

学以致用

某企业的员工因对薪酬发放情况不满而出现工作不积极的表现行为，企业领导发现这种问题之后要求薪酬设计与管理部门对此加以解决，并希望薪酬设计与管理人员提升自身的素质。

作为薪酬设计与管理人员，你会如何解决这种问题呢？你知道如何提升自身的综合素质吗？

参考文献

[1] 常雪松，张磊.薪酬体系设计实操全案 [M].北京：中国铁道出版社有限公司，2021.

[2] 高宇杰.员工激励的 88 个最佳手段 [M].广州：广东经济出版社，2013.

[3] 龚一萍，周凌霄.人力资源管理 [M].北京：北京理工大学出版社，2011.

[4] 郭继东.教育人力资源管理 [M].北京：北京大学出版社，2013.

[5] 胡华成.薪酬管理与设计全案 [M].北京：清华大学出版社，2019.

[6] 黄钰茗，邵帅.薪酬管理的 55 个关键细节 [M].北京：中国电力出版社，2012.

[7] 黄铮.一本书读懂人力资源管理 [M].北京：中国经济出版社，2020.

[8] 李妮.薪酬管理从入门到精通 [M].北京：电子工业出版社，2019.

[9] 林丽，张建民，陶小龙.现代人力资源管理 [M].北京：机械工业出版社，2018.

[10] 马娜.HR 进化 [M].北京：电子工业出版社，2020.

[11] 潘伯平.浅析年终奖的实质、特点和遵循的原则 [J].全国商情

（经济理理论研究），2009（09）：37-38.

[12] 任康磊. 薪酬管理实操从入门到精通 [M]. 北京：人民邮电出版社，2018.

[13] 任康磊. 薪酬管理实操从入门到精通（第 2 版）[M]. 北京：人民邮电出版社，2020.

[14] 唐秋勇. HR 的未来使命 [M]. 北京：电子工业出版社，2018.

[15] 田辉鹏，张亚玲. 人力资源管理实务 [M]. 北京：北京师范大学出版社，2012.

[16] 翁涛. 薪酬总监修炼笔记：我在世界 500 强公司管薪酬 [M]. 北京：人民邮电出版社，2019.

[17] 吴雪贤. 薪酬管理实务 [M]. 北京：中国人民大学出版社，2018.

[18] 杨顺勇，张留禄. 人力资源管理（第 4 版）[M]. 上海：复旦大学出版社，2014.

[19] 于彬彬. HR 薪酬管理整体解决方案：共享价值分配新规则 [M]. 北京：中国法制出版社，2018.

[20] 张绍泽. 人力资源管理六大模块实操全案 [M]. 北京：中国铁道出版社有限公司，2020.

[21] 张守春. 3E 薪酬体系设计 [M]. 北京：化学工业出版社，2016.

[22] 张银昆. 员工管理从入门到精通 [M]. 北京：清华大学出版社，2016.

[23] 张志京. 劳动法学（第 3 版）[M]. 上海：复旦大学出版社，2014.

[24] 赵国军. 薪酬设计与绩效考核全案（第 3 版）[M]. 北京：化学工业出版社，2020.

[25] 赵曙明，赵宜萱. 薪酬管理——理论、方法、实务 [M]. 北京：人

民邮电出版社，2018.

[26] 赵涛.薪酬设计与员工激励全方案[M].上海：立信会计出版社，
　　　2010.

[27] 郑芳.资深HR手把手教你做人力资源管理[M].天津：天津科学
　　　技术出版社，2017.

[28] 忠实.用业绩考核 按薪酬激励[M].北京：石油工业出版社，
　　　2010.

[29] 周伟光.大公司用薪酬激励，小公司用奖金鼓励[M].北京：中国
　　　言实出版社，2013.

[30] 周野.手把手教你做薪酬管理[M].天津：天津科学技术出版社，
　　　2021.

[31] 邹善童.薪酬管理实操全流程演练（实战案例版）[M].北京：中
　　　国铁道出版社，2018.

[32] 影响薪酬的因素有哪些[EB/OL].https://zhongji.gaodun.cn/jingxuan
　　　wenda/1238.html，2020-04-15.

[33] 年终奖发放形式有几种[EB/OL]. https://www.66law.cn/laws/272878.
　　　aspx，2022-01-04.

[34] 让新老员工都满意的薪资方案[EB/OL].https://zhuanlan.zhihu.com/
　　　p/126117295，2020-04-06.

[35] 企业年度调薪实操案例[EB/OL]. https://wenku.baidu.com/view/10aa
　　　ad92710abb68a98271fe910ef12d2bf9a946.html，2019-01-11.